フィギュール彩 35

ON JOURNEY TO THE TIME OF STARS
MASAHIRO TATENO

紀行
星の時間を旅して

立野正裕

figure Sai

彩流社

目次

第一章　人参の種を蒔く　ミヒャエル・エンデ　5
第二章　すべて険しい道ばかり　ひと握りの土　7
第三章　南欧巡礼の道　サンチャゴ・デ・コンポステーラのほうへ　17
第四章　アシジからの手紙　聖フランチェスコの庵　35
第五章　矛盾のなかを行く　有島武郎の「二つの道」　87
第六章　ソールズベリ大聖堂の青い窓　雄鶏とペテロ　95
第七章　祭司エテロの娘　ラスキンとプルースト　101
第八章　光の記憶を探して　セガンティーニとリルケ　107

第九章　静寂　谷間の道を行く　123
第十章　アイオナ島からの手紙　聖コロンバの旅　145
第十一章　記憶の入江にて　マクタガートとタゴール　163
第十二章　スカイ島への旅　ターナーとウォルター・スコット　179
あとがき　231

第一章　人参の種を蒔く　ミヒャエル・エンデ

二十二年前、すなわち一九九三年、冬の終わりから早春にかけて、初めてわたしはイタリア中部のアシジを訪れた。

三月に入ったばかりのある晴れた朝、ダミアーノ教会に通じる小道をわたしは歩いて行った。周囲はオリーブ畑で、枝先に新芽が萌え出ていた。

『オリーブの森のなかで』という本が思い出された。その本に、フランチェスコにまつわる次のような挿話が語られていた。

ある日、菜園で人参の種を蒔いていたフランチェスコに向かって、通りがかりの旅人がこう尋ねた。

「もし来週、世界が滅びて、その人参が食べられないと知ったら、あなたはどうしますか」

すると、フランチェスコは答えた。

「それにもかかわらず、わたしは、わたしの人参の種を蒔き続けよう」

『オリーブの森のなかで』でこの逸話を語ったのは、ミヒャエル・エンデである。のちにエンデは意見を求められた。

——フランチェスコのようでありたいとわれわれが思っても、それを否定する逆の力のほうが、現代にははるかに強大であろう。旅人の問いに決然と答える力を、フランチェスコはいったいどこから得たのであろうか、と。

しばらく考えてから、エンデはこう語った。

——合理的に説明することは、できそうにない。なぜなら、フランチェスコの答えは、非合理の要素、または神秘的な要素に根ざしているからだ。古来、人間の徳には、自然を超えたものが三つあるとされてきた。信と、愛と、希望と。これらをおこなうことは、自然の法則を踏み越えることを意味する。なぜならそれは、「……であるがゆえに」という因果の法則にもとづいておこなわれるのではなく、「……それにもかかわらず」という背理にもとづいておこなわれるからだ。

——過去のいつの時代にも、人間は絶望すべき理由を十分に持っていた。人間の歴史は、血と涙の痕跡にほかならない。「それにもかかわらず」人間は信じることを止めず、愛することを止めず、希望することを止めない。それはどうしてか。納得がゆくように説明することは、だれにもできない。それはただ、人間によって実践される。

エンデはそう語った。

もしも、来週のうちに世界が滅びてしまうと知ったら、わたしはどうするだろう。その問いに、今日依然としてわたしは答えられない。それゆえ、いまなおわたしは旅を続けている。

第一章　すべて険しい道ばかり　ひと握りの土

一

四十台半ばの今日にいたるまで、いちども海外に出かけた経験がなかったので、遅ればせながら放浪を試みてみる気になった。そこで昨年(一九九一年)の春から今年の春にかけて、ほぼ一年間、イギリスを中心にヨーロッパやアメリカをほっつき歩いた。わたしが勤める大学がその機会を提供してくれたからである。

わたしの大学にかぎらず、ある年月にわたって勤続した教員に在外研究という名目で一種の有給休暇を与えるところは少なくない。その制度をサバティカルとも呼ぶ。それをわたしも利用させてもらったわけだ。しかし、ここでは、旅の途上で見聞した事物についてではなく、むしろ旅そのものについて書かせていただこう。

旅をしていて厄介なことはいろいろあるが、わたしの場合、書物その他の重量のある荷物が刻々増え続けるのでしばしば対策に窮した。むろん大部分は船便で日本に送ってしまうが、手元に置いておきたいものも少なくない。それがなかなかの重量になるのである。

出発前に読んだガイドブックには、一か月の旅行なら、三日分の必要なものだけにすることと書いてあった。しかしわたしはどうやらその忠告の解釈を誤ったらしい。一年間の旅なのだから、三日分に十二をかけて、およそ一か月分の物品を準備しなければならない、と思い込んだらしいのだ。そのため、日本を出発したときから、飛行機が墜落しかねないほどの大荷物を抱えていたと言ってもいいくらいだった。

さらにおまけがある。ワープロ一式である。ポータブルだが、こいつがレンガみたいに重い。本体のほかに印刷機も持って行った。本体も印刷機も海外では変圧器で電圧を調整しなければ使えない。その変圧器がまたずっしりと重い。まるで鉄亜鈴である。これらを詰め込んだスーツケースをステップの高い列車のドアからなかに押し入れようとするだけで、運動不足のヤワな肩と背がひんまがり、腰がふらつく。

イギリスのヨークシャーでバスに乗るとき、スーツケースを車内の荷台に引っぱり上げるのを手伝ってくれた運転手の言葉を覚えている。

「こいつはなんだい。死体でも入ってるんじゃないか」

わたしは答えた。「そのとおりだ。じつは叔父さんの死体がなかに入っている」

ご承知のように映画などでよく使われるギャグであるが、それを地で行ったわけである。それ以来、わたしのワープロをアンクルと呼ぶことにして、ホテルなど電源が不便なところで使用中に電池が切れてしまったときなど、気取って「カモーン、アンクル！」と言ったりした。

二

その死体のように重いスーツケースをいよいよもてあましていた矢先である。ある日、ドーヴァーに面した港町キングストン・アポン・ハルの本屋に入った。ガイドブックを物色しながら旅行関係の棚を眺めていた。するといっぷう変わったタイトルの本が目に入った。Godzone: A Traveller's Guideと書いてある。著者はマイケル・リデル。むろん聞いたことがない。ゴッドゾーン？　神の領域？　「旅行者のためのガイド」と副題にあるところを見ると、ゴシックの教会建築を見て回ったりするのに役に立つかもしれない。そう思っていちおう手に取ってみた。キャプションを見ると「初めに道ありき」とある。次に著者紹介のところを読んだ。

「熟練した旅行家。世界を旅すること二万マイル以上。すべて険しい道ばかり。旅先で費用調達のため従事せる職業、以下のごとし。ペンキ塗り、屋根ふき、トラック運転手、植木職人、銀行出納係り、じゃがいも仕分け人、パン焼き職人、テレコム配線工、床磨き、学生、教師、フリーランス・ジャーナリスト、大臣、父親、などなど」

旅の途中でありついた費用調達の仕事のなかに、大臣だの父親だのが挙げられている。おもしろそうだ。気に入った。読んでみたくなった。実地に役立つかどうか。ホテルに戻ってさっそく研究することにした。読み始めると、本文の冒頭にはこんなふうに書いてある。

「ゴッドゾーンといってもさまざまである。それがどこから始まり、どこで終わるのかを示す標識は存在しない。『ここから先、ゴッドゾーン』と書かれた標識などいちども見たことがない。だが、これにはしかるべき理由がある。あなたはそこに入って行くのでもなければ、そこから去って行くのでもない。販売旅行中のセールスマンに向かって農夫が言うように、あなたがいま立っているところがその場所なのだ。とはいえ、そこは言葉の厳密な意味では場所でさえない。実際、それがなんであるかを言うよりも、それがなんでないかを言うほうがはるかに容易である。しかし、ゴッドゾーンが特定のどんな場所でないとしても、ゴッドゾーンはあらゆるところに存在している——もしもあなたにそれを見ようという気持ちがあるならば」

これで、この本が現実の地理的な空間よりも精神的世界の旅路のための実用書であることは、およそ見当がついた。

しかも右の引用からもうかがわれるように、この著者は抽象的な叙述を好まないらしい。かれが好むのは比喩や例え話や寓話である。それも気に入った。

次第にかさばってくるいっぽうの荷物に悩まされていた矢先だったと書いたが、わたしのような旅行下手の人間のために、著者が与えてくれたアドヴァイスがどのようなものであったか、それを一つ紹介してみよう。

三

むかしむかし、ギリシアの美しい島にある爺さんが住んでいた。爺さんは自分の島をこよなく愛していた。やがて死期が近づいた。爺さんは息子たちを枕元に呼び寄せ、こう言った。

「わしをもういちど外に出して、地面の上に横たわらせてくれ」

いよいよ息を引き取る間際になると、爺さんは腕を差し伸ばした。かたわらの地面からひと握り土を取って手のなかに握りしめた。そしてそのまま、世にも幸せな一生を送った人としてこの世を去った。

やがて、爺さんの姿が天国の門の前に現われた。なかから白い顎鬚を生やした神様が出て来て、爺さんに向かって歓迎の言葉を述べた。

「ようこそ、あんたは善良な人間だった。さあ、喜びに満たされた天国に入られるがよい」

ところが、真珠色に輝く天の門を爺さんがくぐり抜けようとすると、神様はこう言った。

「おっと、手に持っているその土を捨てなさい」

「めっそうもございません」爺さんは後退りをしながら答えた。「めっそうもございません」

神様は悲しそうな表情を浮かべながら、爺さんを門の外に残したまま立ち去った。

ゆっくりと数億年の時間が流れ去った。

ふたたび神様が姿を現わした。こんどは、むかしから付き合いがあった飲み仲間の一人に姿をやつしていた。二人はいっぱいやりながら話に打ち興じたが、やがて神様が言った。

「さあ、わが友よ。そろそろ天の門に入る時間になった。腰を上げるとしようかな」

二人は真珠色の門に向かって歩き出した。そして、神様はこんどもまた爺さんが手に握りしめている土を捨てるように勧告した。爺さんはこんどもまた拒否した。

こうして、さらに数億年が過ぎ去った。

神様はまた現われた。こんどは爺さんの孫娘に姿を変えていた。孫娘は明るい陽気な声で爺さんに呼びかけた。

「おじいちゃんみたいな素敵な人がいなくて、みんな寂しがってるのよ。さあ、わたしといっしょに門のなかに入りましょう」

爺さんはうなずき、孫娘に助けられながらからからだを起こしたが、もはや老い過ぎていた。関節という関節は言うことをきかなくなっていた。そのため、思わずよろけた。なにかにつかまろうとして爺さんは手を伸ばした。そのとき、握りしめていた土が指のあいだからこぼれ落ちた。あわてて握りなおそうとしたが、からだの節々同様、指の関節も思うように曲がらなかった。指と指のあいだから、土はすべてこぼれ落ちた。こうして、爺さんは天国の門をくぐり抜けたのだった。

ところが、なかに入ってから、爺さんの目に最初に映ったものはなんだったろう。それは、あの愛する自分の島にほかならなかった。

四

著者はこういう物語を語ったあとで、次のようなコメントを付け加えている。

「背中の荷物が重ければ重いほど移動は困難になる。道を行く明るい顔の初心者は大きくて綺麗なリュックを担いでいる。なかには旅行用の道具一式が必需品としておさめられている。だが、旅を続けるにつれてかれにはだんだん分かってくる。それらの道具がなくとも旅はできるということが。所有物が多ければその重量にも耐えなければならない。トレーラーをうしろにくっつけたままで山に登ることはできない。ゴッドゾーンを移動したり登ったりしようと思うならば、学ばなければならないことがある。手放すということだ。それはつらい学習である。死ぬほどの苦しみと感じられもしよう。なぜならば、握りしめたり、手に持ったり、つかんだりするのが自然の行為というものだからである。だが、強制を伴わずに手放すことができることが、神の生を共有することなのだ」

これを読んでわたしは目からウロコが落ちた。早速ワープロのアンクルをはじめ、日本から持ってきたものをことごとく船便で送り返した。

――と、書くことができたら、どんなに気分がすっきりすることだろう。現実のわたしはそうではなかった。

この本を読んだあとでさえ、相変わらず、ますます重くなり、増えていくいっぽうの荷物を、移動のたびごとに車のトランクに入れては出し、入れては出し、また、ホテルや民宿の部屋のなかでスーツケースを開けては閉め、開けては閉めしながら、その悪戦苦闘のなかでさえなにひとつ捨てられない始末だった。それどころか、手放すことを現実に学ぶための絶好の機会が旅というものの意味だと悟ったにもかかわらず、その好機をみすみす無にしている自分の「執着」の強さにほとほとあきれ返った。

こうして、わたしはまる一年にわたる旅のあいだじゅう、どこへ行っても毎日「ゴッドゾーン」のかたわらばかり放浪していたことになる。

これに対して、著者マイケル・リデルは世界を旅すること二万マイル以上、すべて険しい道ばかり。おまけに、列挙されているだけでも十指にあまる職種を遍歴してきた豊かな経験の持ち主である。なるほど「熟練した旅行家」にちがいない。

だが、豊かな経験や熟練にもとづくアドヴァイスや教訓といえども、かならずしもすぐに実行可能であるというわけではない。容易に実行できそうに見えるすぐれたアドヴァイスでも、いざやろうとしてみると意外にむずかしいものだ。もたもたしているうちに容赦なく時間は過ぎ去る。あげくの果て、いよいようまくいかないらしいと観念せざるを得ない。苦い気持ちだ。このときの自分に対する失望はけっして小さくはない。こうして、この寓話に含まれた教訓を自家薬籠中のものとしきれないうちに、わたしは日本に帰って来なければならなかった。だから、行きも帰りも旅行下手は相変わらずもとのままである。

しかし、日本に帰ってから考えた。天国の門の前まで行った爺さんが手に握りしめた土くれを手放すまでには、数億年プラス数億年の時間が流れ去る必要があったのである。


「ゆっくりと数億年の時間が流れ去った」「さらに、数億年が過ぎ去った」拙劣な旅行者でしかなかったわたしには、一つの場面と他の場面をつなぐための蝶つがいとして挿入されたにちがいないこの言葉のほうが、よけい応えるような気がしたことは事実だ。

だが、果たしてそれは物語をつなぐ蝶つがいにすぎないのであろうか。

著者は、自分が語った寓話の寓意がどこにあるかをむろん熟知していたであろう。ギリシアの島で満足な生涯を送ったかに見えた爺さんは、せっかく天国の門の前まで行ったというのに、あらためて自分の旅をつぶさに経験することになったのだ。それは数億年と数億年を合わせたくらいのながいながい旅であった。爺さんの目が変化をとげなかったはずはあるまい。そうだとすると、ようやく天国の門をくぐった爺さんの前に現われた「懐かしい島」が、故郷で見慣れたのと同じ島にほかならなかったなどということがあろうか。島は、同じ島でありながら、まったくちがったおもむきをもって爺さんの前に姿を現わしたはずである。

われわれがものの本然の美しさをこころから味わい尽くすことができるためには、ものへの執着に別れを告げ、ものをものとして眺める闊達さをわがものにしていなければならないのだろう。

では、われわれがそこへいたり着くためには、すべて険しい道ばかり歩かなければならないのであろうか。この爺さんと同じように、多くの錯誤や忍耐や躊躇を経なければならないのであろうか。問題はほんのひと握りの土にすぎないのだが。

(『社会評論』一九九三年七月号)

第三章　南欧巡礼の道　サンチャゴ・デ・コンポステーラのほうへ

一　中世の道、現代の道

この十数年のあいだ、たびたび「巡礼」まがいの旅に出かけているが、自分の旅の経験になんの見るべきものがあろう。とは思うものの、かろうじて、自分の変化をうながすきっかけだけは、旅をつうじて得られるような気がしている。

わが「聖地」はけっして地理的空間の一点には存在し得ない。なぜなら旅人であるわたしは、いっぽうで現実の土地を旅し続ける身でありながら、他方では自分の作り出したまぼろしの空間をさまよい歩いているにすぎないのだから、とうそぶいた詩人がいたが、そこで言われる「自分」とはいったい何者か。かれは道を歩いているのか、それとも道を逸れ、ただ彷徨しているだけであろうか。

『巡礼の道　星の道』の共著者たち、ピエール・バレとジャン・ノエル・ギュルガンは、巡礼の日々とはすなわち道にほかならぬと言う。

「朝と夕べの間に道がある。土や岩の道、石畳の道、枯葉を敷きつめた道、泥、砂、燧石の道、禿山の背をよじのぼり、小さな林のくぼみをのんびりと行く道、景色をまっすぐに二つに切り分ける道。それが巡礼者の日々の常である」

要するに道、道、道。それが巡礼にほかならないというわけだ。それならばわたしもまた、中世に発する南欧巡礼の伝統を、ひたすら道に即して語るべきであろう。

わたしがスペイン北部を初めて旅したのは、二〇〇〇年の四月下旬から五月上旬にかけてである。パンプローナからいったんピレネーに駆け上がり、イバニェタ峠から一気にヴァルカルロスの渓谷を駆け降りて、フランスのサン・ジャン・ピエ・ド・ポールにいたる。そしてバイヨンヌから再度スペインに入り、ビルバオを経て、一路サンチャゴ・デ・コンポステーラを目ざした。

二回目は、二〇〇二年八月中旬より約二週間かけて、フランスの中世巡礼の道を辿った。フランス側に巡礼ルートはいくつかあるが、わたしはル・ピュイ・アン・ヴレイを起点とするルートを選んだ。このルートはオーブラック丘陵地帯を通り、山深いコンクに立ち寄り、オスタバ、サン・ジャン・ピエ・ド・ポールを経て、ヴァルカルロスの渓谷のつづら折りになった急坂を這い上がり、イバニェタ峠に出て、そこからスペイン側の斜面をロンスヴォー、ブルゲテ、パンプローナへと駆け下りて行く道である。

三回目は二〇〇四年八月、みたび巡礼路を歩きにフランスとスペインへ出かけた。こんどは三週間の日程である。トゥールーズからルルドを経て、ピレネー山中のガヴァルニ圏谷まで入り、ガヴァルニ村の右手から迂回して標高二八〇〇メートルのロランの切り通しを越え、スペインに入って行く道だった。

とはいえ、三度の旅のいずれも、わたしは自分の足ではなにほども歩くことができなかった。遠い日本から短時日のあいだ出かけて行くだけだから仕方がないが、大きな距離は車を移動手段とする。それにこのごろ左足首の関節炎症が気になっている。それでもピレネー付近では足をときに騙し、ときに宥めすかしながら、そうとうな距離を歩いた。

わたしが自分なりに確かめてみたかったのは、中世の道と現代の道とがどこで遭遇し、どこで交錯するかということだった。遭遇・交錯といっても、地理的・物理的な道のことばかりではない。むしろ過去の人々が歩き通した敷石の名残から、かろうじて現代に浮かび出てくるかに予感される精神の道のことである。

西欧キリスト教文明における三大巡礼地の一つサンチャゴ・デ・コンポステーラへの巡礼は、中世の数ある巡礼のなかで最も代表的なものであり、中世のフランス人たちがなにより執着したものだった、と田辺保は『フランス巡礼の旅』で述べている。サンチャゴ・デ・コンポステーラ巡礼道が近年にわかに人々を引きつけていると言われるが、現代人を中世の道に執着させるのは、いったいどういう理由によるのであろうか。

実存的観点から中世の巡礼者の姿をわれわれの眼前にみごとに浮かび上がらせてくれたレーモン・ウルセルは、はるかな歴史の過去をさぐり出そうとするなら、（むろん象徴的にという意味でだが）頭巾をかぶり、つつましい粗布をまとい、肩掛け袋をかつぎ、巡礼杖を手に持って、いにしえの父祖たちにならい、今こそ出発しなければならぬと言っている。風のにおい、天のしるし、地のしるし、水のしるしを嗅ぎ分けて進め、と。そうすれば、一介のツーリストの目にはついに隠れて見えぬ道が見えてくる。糸くり棒から無限にくり出されるように、はるかにかぎりなく、なにかへ向かって伸びて行く道が回復される。「この道をくり出す糸くり棒、この中心軸こそが、やがてくるあの日、最後の、終りの日の朝の太陽に照らし出されるものなのである」とウルセルは書いている。

しかし問題は、この「糸くり棒、中心軸」が、現代の人間にとっていかにして再び精神を統合する原理となり得るかということであろう。

サンチャゴ・デ・コンポステーラは他の二つの聖地にくらべ、ある独特の特徴をそなえている。それはイベリア半島の西の果てに位置しているという特異な立地条件から来るばかりではない。むろん西の果てが地の果てを思わせるということはある。地の果てはまた同時に日没の方向でもある。古来、洋の東西を問わず、日没が人間の魂の内奥になにか深い憧れをいだかせるものとして表象されてきたことは事実だ。だが、それだけであろうか。田辺保は、ウルセルの『中世の巡礼者たち』を訳した人だが、森有正の思考に共感を寄せ、訳者あとがきに森の日記の一節を引いている。

「中世において、人は誰しも地上に流された異邦人であった。それはコスモポリタニスムともインターナショナリズムとも少しの関係もない。それは人間が自由に行動しうることを示す一つの形である」

これについて田辺が述べるところはこうだ。中世の巡礼者こそは、「この地上に置かれ、ここに投げ出されたわれら人間の、もっとも純な赤裸な在り方と生き方とを、完全に体現しつくしてきた。われらは此処に在って、つねに彼方を目ざして旅立つ者……『巡礼者』こそは、この姿をまとうことをみずから選択し、この境地に身を投じることで、人たるのあかしをまったく表現しつくしたのではなかったのか」と。

しかし、「彼方を目ざして旅立つ者」とはなにか。現代人に巡礼をうながす真の動機が依然としてそこにあるとしても、「彼方」を文字どおりの彼岸と受け取るわけにはいくまい。現代人の内面に、中世の巡礼者を衝き動かしたのと同じ衝動がたといなにがしか存在するとしても、その表現である「人たるのあかし」は、そのまままっすぐにわれわれのところへ届くのだろうか。森有正の言う「人間が自由に行動しうる」とは、現代のわれわれに即して考えるとき、具体的にはどういうことを意味するのだろうか。

二　四人の自分

二〇〇〇年春、サンチャゴ・デ・コンポステーラへの旅の途次、スペインの哲学者ミゲル・ウナムーノの主著『生の悲劇的感情』を数十年ぶりに再読する機会があった。ウナムーノ哲学の中心問題をひと言で要約すれば、「わたしとは何者か」という単純な問いに帰着するだろう。

しかし、この単純な問いに取りつかれた現代人がキリスト教文化圏に属する場合、そのたたかいは苦しいものとならざるを得ない。ウナムーノがまさにそうであったように。なぜならキリスト教の世界では、この問いの彼方に聳え立つものが、疑いようのない明確さで人々に迫って来るからだ。それはゴルゴタの丘の上に立てられた十字架とイエスの姿にほかならない。

あまたの人々が、その姿を尊崇し、その姿になぞらえて、自己の生涯を律しようと心がけてきたのだった。とはいうものの、イエスの運命をわが身に引き受けることで、「わたしとは何者か」の問いに対する答えとするには、試練はあまりにも常人ばなれした苛酷さを孕んでいたことも事実であった。きわまるところは殉教以外になかったからである。

それゆえ中世の人々は、試練の究極の苛酷さを象徴的な意味におきかえて実践しようとした。巡礼の旅はその象徴行為の一つであった。したがってそれが、古代以来の神話的試練の性格を帯びることになったのも当然だったろう。象徴とはいえ、命を落としかねない危険が、高い確率で路上・路傍にはひしめいていた。病気、転落、行路喪失、強盗、追い剝ぎ、吹雪、落雷など、聖地を目ざすという目的を阻もうとする「悪意」の露出は、巡礼者の前にけっして稀ではなかった。

この古代から中世にかけての「試練」の思想を、もはや現代人の多くはアナクロニズムとして、思考の向こうへ追いやってしまった。これはむろん、一つには中世人が堅く抱いていた信仰の現代人における欠落ないし著しい稀薄化のゆえであろう。ウナムーノが苦渋をにじませながら認めているように、たといキリスト者であろうとも、現代人の誠実な思考にとって、聖ヤコブの遺骸にまつわる奇蹟はもはや受け入れがたいものとなったのである。

中世の人々においては、聖地信仰はいささかも揺らぐことなく堅持された。現世利益を求める姿勢は、もとより信仰に守られた巡礼者の姿勢とは天地ほども隔たっていた。なぜなら真の信仰というものは、それ自体背理に立脚しているからだ。あり得ぬことだからこそ熱烈な信仰の対象となる。現代人はその背理に立つ精神の強靭さを失った。いわゆる近代合理主義によって前近代的背理を克服したなどという単純な理屈は、この際論外とせねばならぬ。

さて、その背理を自ら生きようとしたウナムーノが、「四人の自分」ということを言っている。まず三人の自分が存在する。

一、自分はこうだと思っている自分
二、他人の目に映っている自分
三、現実あるがままの自分

さらにもう一人の自分がいる、とウナムーノは主張した。それは、自分がこうあろうと思っている自分である。いわば未来の目で眺められた自分である。われわれはそうあったもの、もしくはそうあるものによってではなく、そうありたいと望むものによって、救済されるか、または没落する。

ウナムーノが言った四人の自分というものが、かりに一つの箱のなかで没交渉に、それぞれ下方の四つの隅に閉じこもり、固着しているだけだと仮定しよう。その場合、「自分はこうだと思っている自分」と「他人の目に映る自分」との隔たりさえもが、どんどん大きくなってゆくほかない。あとの二人の自分の運命についてはあえて言うにもおよぶまい。

いずれにせよ、閉塞しかかった現代の人格の危機がそこにあるのである。放置すれば自己を四分五裂させたまま窒息させ、自己そのものが見失われてしまうのは必定であろう。いったいどうしてこういうことになったのか。それは現代人が、自我の標高を高いところに据えたばかりに、その高度に耐えきれるだけの倫理的スタミナを維持できず、それでも息を切らしつつどこまでも登り続けなくてはならない宿命を負ったからである。こうだと思う自分であることと、他人の目に映る自分であることとの隔たりに苛立ちながら、その溝を少しも埋められない。そのため、ますますめまいがし、苛立ちを募らせるほかないのが現代人なのである。

それぞれの隅から四人をいったん引き剝がす必要があるのだ。その意味で、現代における巡礼の旅とは、自らをそれぞれの隅から引き出し、分離する試みであるとも言える。

そう、まず自己を箱のなかから引き剝がし、分離することが必要だ。四人の自分のうち、だれが先導役を努めるかはむろんはっきりしている。それは、「自分がこうありたいと望む自分」でなければならない。未来の目で眺められる自分が、ウルセルのいわゆる「糸くり棒」ないし「中心軸」の役割をかろうじて果たすことになる。

三　霧・峠・森・星

フランスの平野部からやって来た巡礼者たちの行く手に、突如として立ちはだかる峠。それがヴァルカルロス渓谷から見上げるイバニェタ峠とバンタルテ峠である。その二つの登りは、いにしえの巡礼者たちに、尋常ならざる強烈な印象を与えないではいなかった。ウルセルはこう書いている。「昔の旅人たちにとって、それは恐怖とおぞましさ以外の何ものでもなかった。『それは、この上なく高い山である』と、『サンティヤゴ巡礼の案内』も叫びを発する。どうやら、バスクの国からロンスヴォーへの通常の通路のひとつであったバンタルテ峠（一二三二メートル）のことを言っているらしい。『その高さたるや、天にまでとどくかと思うほどである。この山をよじる者は、天を手でさわれそうだと思うくらいである』」

故障を訴えるわたしの左足が、この峠道を徒歩で登ることをわたしに許さなかったのはなさけない。いたし方なく現代の道を車で登った。二〇〇二年夏のことである。渓谷を蛇行しながら登って行くうちに霧が這い出てきた。ヴァルカルロス渓谷の道はヘアピンカーブの連なりであるから、霧は常にもまして怖い。視界が一〇メートル以上はあると思っても、次の瞬間にはなにも見えなくなる。坂を登れば登るほど霧は深く立ち込め、繭か白い綿で車ごと自分が押し包まれるような心地がしてくる。心細さを感じ始める自分がいる。もう戻ったほうがいい、と心の一隅でささやく自分がいる。いっぽうで、にわかに猛り立つ自分がいる。また、それを再度押しとどめながらも、間合いをはかろうとする自分がいる。それはあたかもわたしの内側で、「四人の自分」がせめぎ合っているかのような観を呈した。

そうこうしながら、とにかく峠までは迫り上げた。だが、頂上でわたしの目はなにも見ることができなかった。あたりはすっぽりと霧におおいつくされていた。車の外に出ると、二年前と同じように風が吹きまくっている。風にあおられた霧のかたまりが、わたしの頬めがけて容赦なしに粒子を叩きつける。その痛さたるや、まるで砂粒を投げつけられるようだ。

ロランの碑を見るためにわたしはもういちどここへ来たのである。巻き上がる霧を掻き分けて、白い闇のなかをわたしは泳いだ。碑は霧のなかに亡霊のように佇んでいた。表面は二年前と同じでのっぺらぼうであった。ゆっくりなでまわしている暇はなかった。

しかし、峠道はまだしもである。なにはともあれ道なりに登ることができる。巡礼者にとってさらに恐ろしいのは、霧や雪に閉ざされた地平線のなかでの堂々めぐりであった。それがとくにオーブラック高原を行く巡礼者を苦しめた。(オーブラック高原は、ル・ピュイから出発した場合、イバニェタ峠のはるか手前だから、ここでは順序があとさきであるが了承されたい。)ウルセルはこう書いている。

「あわれな巡礼者にたえず、陰険に、つきまとって離れぬ思いは、霧の立ち込める広い荒野で、奥深い大樹林の中で、道に迷い、頼みの綱もなく、目印も見当たらず、さまようのではないかというおそれであった。だから、オーブラックの高原や山々を越える長い道は、——今日でもなお、心に強い印象を与える場所であり、毎年、冬になると、突然、嵐が襲って、ドライバーたちは道路閉鎖に見舞われる——ル・ピュイからコンポステーラへ向かう昔の旅人にとって、つねにもっともおそるべき悪夢の場所であった」

この恐怖ないし悪夢は、同様の経験をするのちの世代にとって、自ら寓意をしたたか含まずにはいない。それゆえでもあろうか、オーブラックの「奥深い大樹林」のなかで迷ってしまったとき、ソローの『ウォールデン』の一節が、なまなましくわたしの脳裡によみがえってきたのであった。「ぼくらが真剣に、自分自身と自分の歩むべき道とを見出そうとするのは、森のなかで道に迷ったときだ」とソローは言った。

「すなわち、世界を見失うことによって始めて、ぼくらは自分が今どこにいるのかを、知ろうと思い始める。このとき、自分を取り囲むさまざまな関係の無限の広がりに、ぼくらは気づく」

このように書くことができたソローは、森のなかで迷うという経験の奥深い原型的な意味を、近代人として身をもってつかみなおしたにちがいない。

さらに、「星の道」にちなみ、迷うという経験を星に即してわたしは語ってみよう。

二〇〇〇年の旅でのことだ。サンチャゴ・デ・コンポステーラの手前のレオン、アストルガ、ポンフェラーダのあいだで、街道沿いの宿を十数軒も当たってことごとく断られた。思いあまって本街道を逸れ、ぐるぐる車を走らせているうちに、とうとう日が没した。深い森林と渓谷のなかでどことも分からぬ間道に紛れ込んだらしかった。迷ったと知って、やむを得ず河原に車を停めた。車内で一夜を明かしたが、その夜の思いもかけない星空の光景を、わたしは永く忘れないだろう。

車から外に出て、耳に渓流の音を聞きながら、深く沈黙する夜空を、わたしは二時間ものあいだ見上げていた。そそり立つ岩山と森林が視界をさえぎったが、流れ星四つと人工衛星三つ、それに夜間飛行の航空機を六機見た。あっという間もなく掻き消える光。はるか高空の星々のあいだをゆっくりと動いてゆく人工の星。点滅しながら山の陰に消え去って行く光。いずれもそれら発光体の正体は分かっていた。それなのに、まさに不思議な光が出現したかのようだった。わたしに向かってはたらきかけるなにか幻想的なおもむきがそれらの光にはあった。えもいわれぬ静謐さ、そしてまぼろしのような美しさが、それらの小さな光に宿っていた。道に迷ったことの不安が消えたわけではなかったが、不安とは異なるある別の感覚が自分を取り巻いたようでもあった。

光は旅人であるわたしの頭上をただ通り過ぎてゆくだけでなく、またそれらすべてのものの真下をわたしが旅人としてただ過ぎ去ってゆくだけでもない。あたかもわたしの自我の内部のどこかに、その自我を突き崩す見えない僻隅がひそかにうがたれているかのように思われた。いったいこのわたしは、どこにおもむこうとしていたのだろう。聖都サンチャゴ・デ・コンポステーラか。それとも、新たな自己が発芽させられるべきどこか片田舎の小堂か。勃然、そういう疑問が湧き出たのだった。いずれにせよ、わたしがウルセルの言葉をよそ事としてでなく噛みしめたのは、たぶんそのときだったろう。

「心にはや、多少漠然とながら、ささやく声がある。おまえはこれから、親しい人々の中で余生を送ることになるのだが、おまえの魂に溢れている感動の数々は人々にはついに伝えきれぬものであり、おまえは、近親たちにとって異邦人、不在の者、この世では永遠に旅人のままであるだろうと」

それでいいのだ、という気がした。穿たれて空虚となったわたしの内部に、自由の感覚が幻のように立ちこめた。

四　希望と試練

やはり二〇〇〇年の春、スペインへの旅に出たときのことだ。わたしの脳裡にしきりに思い浮かぶ一つの言葉があった。

「現在あるものを踏み越えてゆくこと以上に、人間的なことはない」

エルンスト・ブロッホの言葉だった。「希望は失望させられることがあるか」というかれのエッセイのなかに見える。巡礼とは基本的に「希望の旅」であろう。その「希望の旅」を制度化し、巡礼としてのキリスト者に旅の安全保証を与えようとしたのがクリュニー修道会であったことは、ウルセルによっても示唆されている。クリュニー修道会の援助と支持とが、サンチャゴ・デ・コンポステーラ巡礼を盛んにしてゆく大きな動因となったと考えられる。

現代人にとって中世の「希望の旅」に思いをいたすことは、巡礼とはなにかと問うことそのものと、どこかで重なり合うはずである。なぜなら現代人にとっても、その問いは精神の深処に向かって発せられるものだからだ。ウナムーノにならって言えば、自我という箱の四隅に固着する四人の自分に向かって、その問いは発せられるのである。

だが、ブロッホの言葉がいっぽうにあるとすれば、これに対応する思想として、たとえばアルベール・カミュの次の言葉などを同時に想起する必要があろう。

「旅に快楽はない。私は旅を精神的試練の機会と見なす」

ウナムーノ、ブロッホ、カミュ。背理に満ちた現代精神のありようを端的に示すかれらの精神が、中世の背理と鋭く交叉するかに思われるのは、それが「希望」と「試練」の性格を二つながら帯びるときだ。前述のように、誓いを立て、希望に満ちた中世の信仰者にとっての試練は、古来の神話的英雄の試練につながる側面を象徴的にになうものであった。それにもかかわらず、名もなき庶民である巡礼者に身を寄せて語るウルセルの次の言葉を念頭に置くことは、希望ならびに試練というものの現代的な意味を、にわかに際立たせるかのように思われる。

「未知のものを前に不安におののく弱いひとりの人間として、異郷をさすらう、この言うに言われぬ苦しみは、何ものによってもついに取り去られることはない。疲れがある段階を越えると、祈りですら、もはや、形を成さぬつぶやきでしかなくなってしまう。あとはもう、思考も働かず、どんな手だても及ばぬ、まったき疲労の極、空しさだけが胸を埋める。さすらい人は、自分が歩く理由を見失い、こんな誓いを立てたことを呪いはじめ、酒に酔った人のように、道端の堅い石の上へとくずれ落ちる」

もとよりこれが希望の巡礼の途上で遭遇する中世の旅人の苦難、そして試練なのだった。すなわちキリスト者が歩まねばならない苦難の道《ヴィア・ドロローサ》なのだった。このゆえに、中世巡礼の道について語るウルセルの洞察は、おそろしいほど透徹した様相を帯びてくると言わねばならない。

「『道』――それこそは、キリスト教的人生の何より大切なしるし、ご自身が『わたしは道である』(ヨハネ一四・六)といわれたキリストの第一の属性である。すなわち、ロマネスク巡礼者の目から見るならそれは、この上なく雄々しく引き受けられた日々の犠牲のうちに、耐え忍ばれる孤独の恵みの道、ひたすらに捨ててやまぬ苦行の生涯の道、――神ご自身が無償でお与え下さった被造の自然のただ中で神のいつくしみを受けて貧しさを生きる隠者たちの苦行の生涯にもなんら劣らぬ――道に、ほかならない」

だからこそ、われわれはひるがえって問わなくてはならないのだ。ウルセルがロマネスクに限定して述べているその「道」を、現代のわれわれがいかにして見出せるだろうか、と。たとえばさきに引いたカミュの文言を、『旅の思想史』(原題『旅する者の精神』)の著者エリック・リードが、同書の冒頭にもう少し長い引用として掲げている。そこから旅に関する鋭い認識をリードは導き出している。

「住み慣れた土地や家からの分離はアイデンティティを作り直し、自分以外の誰かになるための好機だったのである」

リードによれば、むかしもいまも、人が自分の住み慣れた土地から出発するということは、既成の自我を形成していた多くのものをあとに残して立ち去るということである。お膳立ての整ったツアーならばいざしらず、見知らぬ土地と人々のあいだを旅することは、現在でも多くの不便さをともなう。旅人は絶えず神経を研ぎ澄まし、不安を感じ続けなくてはならない。身の安全の欠如の感覚は、ときとして旅人に激しい恐怖と苦痛を強いることもある。

しかしながら、その不安と恐怖と苦痛こそ、旅する者が回避してはならぬものなのである。なぜなら人間を世界に向かっていやおうなしに接近させるのは、リードが言うように、それらの不安や恐怖にほかならぬのだから。恐怖や苦痛こそが、この世界に対するわれわれの感受性をいちだんと鋭くさせ、そしてついに世界そのものと出会わせるのだから。ブロッホの言う「希望」、またカミュの言う「試練」とは、そういう意味よりほかに解されようもない。

こうして、かつて信仰の名において巡礼におもむいた中世の人々の深い精神性が、現代の旅する者の精神にふたたび開示され得るのである。ただしその開示は、「試練」をつうじて「希望」へいたるという「道」の自覚を持つ者の場合にのみ限定される。「試練」を引き受ける者のみが、現代の旅の要諦を中世の巡礼の伝統から汲み上げることを可能にする。

現代人(であり、日本人)であるわれわれが、信仰あつき西欧の中世人の魂からすでに遠く隔てられていることは、改めて確認する要もないことだろうが、しかし信仰や宗教の次元をかりに通り抜けないとしても、現代に通じる旅や巡礼の意味について、あるいは精神について、人間存在の根底に関わるようななにごとかを求めて旅立つことは、いまなおかならずしも不可能ではないのである。

既成の自己に別れを告げ、未知未聞の自己に向かって探求の旅に出発する者、あるいは「こうありたいと望む自分」の創出を目ざして、一歩一歩よるべなき道を辿る勇気を持つ者、またあるいは、新たな自己を再構成するという清新かつ重大な事業をわが身に引き受ける者、そういう者こそ閉塞した時代を生き延びる果敢さをそなえた人間にちがいない。なぜなら、「現在あるものを踏み越えてゆくこと以上に、人間的なことはない」のだから。

(『国文学　解釈と鑑賞』第七〇巻五号、二〇〇五年五月)

参考文献

ピエール・バレ、ジャン・ノエル・ギュルガン『巡礼の道　星の道』平凡社

レーモン・ウルセル『中世の巡礼者たち』みすず書房

田辺保『フランス巡礼の旅――人と道と聖堂と』新潮選書

ミゲル・ウナムーノ『生の悲劇的感情』ウナムーノ著作集第三巻、法政大学出版局

エルンスト・ブロッホ『異化』白水社

エリック・リード『旅の思想史――ギルガメシュ叙事詩から世界観光旅行へ』法政大学出版局

H・D・ソロー『ウォールデン　森の生活』宝島社文庫

ノルベルト・オーラー『中世の旅』法政大学出版局

第四章　アシジからの手紙　聖フランチェスコの庵

第一の手紙——カルチェリの僧庵にて

一九九三年二月二十四日

アシジの朝は雪で始まりました。フランチェスコのバシリカ(大聖堂)がすぐ目の前に見える宿の窓から平野部を見下ろすと、夜のあいだに降り積もった雪で、見わたすかぎり白い景色になっていました。ところが陽が昇り始めると、見る見るうちに溶け出して、昼までには大部分もとの地肌に戻ってしまいました。その地面の色合いは、フランチェスコ会の修道服の色とそっくり同じで濃い茶色です。まるでアシジ全体が、夜から早朝にかけて着ていた純白の晴れ着を脱いで、ふたたび土の色をした粗末な衣服に戻ったかのようです。

ところで、わたしが訪れたイタリアのどの場所へ行っても、日本人の姿を見ないことはありませんでしたが、このアシジももちろん例外ではありません。オフシーズンで観光客の数はけっして多くないにもかかわらず、日本人だけは毎日のように団体で押し寄せます。今日も、わたしが聖キアラ教会のなかに入って行くと、薄暗い内陣の片隅にひとかたまりになった人々がいましたが、それが明るいほうへぞろぞろ出て来たのを見ると、およそ四十人ほどの日本人の団体ツアーでした。ガイドはイタリア人らしいと思われましたが、しゃべっている言葉はイタリア語でもなければ日本語でもなく、英語でした。わたしはスコットランドのグラスゴーでマッキントッシュの美術学校を訪れたときのことを思い出しました。校内を一周するガイド・ツアーに加わりましたが、そのガイドの英語の半分もわたしの耳は聞き取ることができませんでした。しかし、ここではイタリアふうに母音をはっきりと発音する話し方なので、あるいはかえってそれが日本人の耳には馴染みやすいのかもしれません。

聖キアラ教会を出てから、わたしがカフェで休んでいると、さきほどの一行が同じ店に入って来ました。かれらのなかの数人がわたしのすぐ隣りの席に座りましたが、たまたま目が合った一人二人と軽く会釈を交わした程度で、別に言葉を交わしたわけではありません。しかし、隣り合わせですから、自然にその会話が耳に入ってきます。聞くともなしに聞いていると、こんなことを言っている人がいました。

「フランチェスコ会は貧困に徹するというが、アシジの僧たちはなるほど濃い茶色のチュニックという丈の長い修道服を着て、縄みたいなもので腰を縛っている。しかし、それは見掛けだけじゃないか。よく見ると、かれらは下にジーパンをはいているし、履物はスニーカーだよ。まったく、インチキだねえ」

まるで、はるばる日本からやって来たのは十三世紀のイタリアに時間旅行をするのが目的だったのに、ジーパンとスニーカーが見えかくれするおかげで雰囲気がぶちこわしにされた、と言わないばかりの剣幕です。この人たちは、もっぱら自分たち観光客の期待を満たすために、修道士たちがジーパンやスニーカーを着用するのをやめるべきだとでも考えているのでしょうか。

もっとも、フランチェスコ会修道士がジーパンやスニーカーを身に着けるのはインチキではないかという言い分には、わたし自身も少しハッとさせられるところがないわけではありませんでした。というのは、じつはわたしも、当地で最初に修道服の下のジーパンとスニーカーに気が付いたときには、いくらか興ざめに似た感じを抱いたことは否めないからです。隣りに座った観光客ほどの失望を覚えたわけではありませんが、旅人の勝手な思い込みに肩透かしをくわされたような気がしたのでした。それで、フランチェスコ会の有名な修道服をめぐって少しばかり考えてみようと思い、この手紙を書き始めたというわけです。

修道士がチュニックの下にジーパン、スニーカーをはくのがインチキというならば、本来、フランチェスコ自身もインチキ呼ばわりされなければならないことになるかもしれません。

かれの父親ピエトロは、ジョヴァンニという洗礼名を母親から与えられた息子、すなわち洗礼者ヨハネにちなんでそう名付けられた自分の息子を、あとでわざわざフランチェスコと改名したのでした。ピエトロは、織物を商う富裕な遍歴商人でありましたが、またたいそうフランス好きでもありました。とくに豊かな南フランスのプロヴァンス地方を旅したことは、ピエトロの胸に、かの地への憧れを掻き立てたようです。息子の洗礼名がいったん決まっていたにもかかわらず、あえてフランチェスコと改名させたことは、その思いを息子の名前に託そうとしたことの表われでなくてなんでしょう。懺悔服を身にまとった洗礼者ヨハネのようにではなく、優雅なフランス人のようになってもらいたい。それが、長男に対するピエトロの願いだったのです。

あたかもその父親の期待に応えるかのように、フランチェスコは幼少のころからフランス語をよくしたと言われます。かれがとくに熱心だったのは、南フランスの吟遊詩人トルヴァドゥールにならって詩歌を作り歌うことでした。ピエトロは織物商ではありましたが、息子が吟遊詩人を気取るのを大目に見ることができるほどには寛大な父親でありました。この当時の新興商人たちが、自国の商業都市、たとえばヴェネツィアとかジェノヴァよりも、むしろ南フランスやドイツに目を向け、始終遍歴の旅にのぼったという事実は、のちのフランチェスコの遍歴による布教活動が、中世の新興都市を中心としたということと相俟って、親子のあいだに、ある種の対応を見せているかのようにも思われ、なかなか興味深いものがあります。

ピエトロの目には、当時勃興しつつあった新しい商人たちを中心とする市民階層の豊かさがはっきりと見えていたことでしょう。ですから、かれが息子の前途をとおして夢見ていたものは、その実りある未来をわが手にしっかりと掴み取ることだったわけです。しかし、青年となったフランチェスコは、父親の寛大さと期待をまんまと裏切りました。家督を継ぐのを放棄したばかりか、なんと絶対の清貧の道を行くことを自分の生涯の理想に掲げたからです。それは、父親には許容し得ない離反だったというより、わが目を疑う不可解きわまる行動と映ったにちがいありません。

こうして、フランチェスコは「優雅なフランス人」として生きることについては、これを放棄しましたが、かといって、「懺悔服を身にまとった洗礼者ヨハネ」のような姿のまま荒野におもむき、そこで隠遁の生涯を送ろうとしたわけでもありません。そうすることができるものならば、喜んでそうしたでもありましょうが、その信仰は別の生き方をフランチェスコに要求することになったのでした。

わたしは、フランチェスコのバシリカで、かれが着用したと言われるチュニックを見ましたが、ぼろぼろの土色をした粗布で、いたるところツギがあたっておりました。「内側からも外側からもツギをあてよ」と言われるとおり、それは極度に粗末な衣服でありました。しかし、ジーンズをわざわざボロボロにしてはいている人もいるわけです。真冬のロンドン、ボストン、ミラノで、ペラペラのシャツの胸をはだけて、穴だらけのジーパンをはき、素足にサンダルをつっかけて徘徊する寒さ知らずの若者を、わたしはしょっちゅう見かけたものです。それがかれらのいわばファッションなのでしょう。そして、それは意識的であれ無意識的であれ、かれらの自己表現の一つの形態をなしているのです。つまり、穴だらけのジーパン、胸をはだけたシャツなどは、かれらにとっては社会的な記号の意味があるのだろうと思われます。

しかし、考えてみると、ジーパンは本来労働者の衣服であったわけです。アメリカの中西部のプアホワイトと呼ばれる白人たち、つまりスタインベックやコールドウェルによって描かれたような貧しい農業労働者たち、そしてかれらの姿を写した二〇年代、三〇年代の写真集などを見ると、人々はおおむねジーパンをはいています。最も多いのは、胸のところでボタンをとめて背後で肩紐を交差させるようにしたつなぎのヤツ、いわゆるオーヴァーオール。それらの衣服は、言うまでもなくきつい労働をする必要から生まれたものでした。それが労働のための実用性とは直接関わりなく着用される場合には、その社会的な記号のメッセージとしての性格のほうがいっそう強められることになります。つまり、ジーンズをいつも着用していることは、白いワイシャツを着てネクタイを締めたオフィス勤めの階層に特有の服装と、かれらのものの考え方や感じ方、そしてその政治的な行動一般に対して、はっきりと一線を画そうとする姿勢を際立たせるものでもあったわけです。

ところが、ジーンズが、白いワイシャツにネクタイという職場の規律から解放されたビジネスマン層の日常生活のなかに普及してくるにつれ、そのファッションに込められた異議申し立ての政治的な密度はいきおい稀薄とならざるを得ません。すると、かれらはこんどはジーパンを洗い晒しにしたり、わざと膝のあたりに破れ目やほつれ目をつけたりするようになったのです。そうすることによって、自己のイメージの尖鋭化をはかろうとするかのように。

ですから、破れ目やほつれ目は貧しさそのものではありますが、同時にそこには、言ってみれば貧しさの誇張があることになります。つまり、破れ目ないしほつれ目が、ある特定の条件のもとでの「貧」の概念を、記号として表わすという意味も持っているわけです。バシリカに展示された継ぎ接ぎだらけのフランチェスコのチュニックもまた、貧の記号にほかならないということになります。現にかれはチュニックが真新しく見えないように、わざわざ継ぎを当てさせたりもしているのです。

それではいったい、「貧」とはなんなのでしょうか。

青年フランチェスコはそれを知りたいと願ったのでした。小銭を投げ与える側としてではなく、自らも汚いぼろをまとい、人々の情けにすがりながら物を乞う生活。それはもとより、貧そのものにほかなりません。そして、貧者を理解するには、自分もまた物乞いの生活を知らなければなりません。それでは、フランチェスコは物乞いになろうとしたのでしょうか。

すべてを投げ捨て、「清貧を妻とする」とフランチェスコが宣言したとき、文字どおりの貧に徹することもさることながら、同時にかれは「貧」の記号となるものを必要としました。そのため、継ぎを当てたチュニックをまとうことにしたのです。しかしそのチュニックは、アシジを含むウンブリア地方の農夫の日常の衣服でもありました。そのことがフランチェスコの「清貧」の思想において、重要な意味を持っていたのではないかとわたしは思うのです。

ウンブリアの農夫の日常の作業着を身にまとうことをもって「貧」の記号としたということは、とりもなおさず、フランチェスコの教団にはこの地方の農夫たちの現実の貧困さに対する共感が、必然的に含まれていたということを意味するのではないでしょうか。もしもそうだったとするならば、時の権力にとって、そのチュニックにはおそるべき政治的な意味が孕まれていると見なされてもやむを得ないことだったはずです。フランチェスコのチュニックは、その採用に際してかれがどこまで意識的であったかは分かりませんが、十三世紀初期のイタリアの社会的な現実に対して、自ずとプロテストの意味を持つことになったということだけは言えると思います。

事実、フランチェスコの考えていることは異端思想ではないかと疑われ、教皇インノケンティウス三世の前にまかり出て、申し開きをしなければならなくなったのです。

先に新興商人階層がどんどん他国へ遍歴して行きつつあったということを申しましたが、なにも商人だけではありません。長いあいだ土地に縛りつけられてきた農民層もまた、十二世紀以来生じつつあった新しい時代の動きのなかで、次第に流動するようになっていました。そもそも中世の巷は流動する人々でごった返していたと言ってもいいのではないでしょうか。生活のあまりの貧しさが、かれらを土地に縛りつける力から逆に解き放ったのだとも言えます。そこには流動することから生じるエネルギーが存在していました。それは方向づけを与えられないまま、中世の路上にまた都市の巷に充満していたと言うべきでしょう。

ローマ法皇庁を始め当時のキリスト教教会は、農民階層が置かれたそういう新しい現実に対して、けっして真面目な関心を払おうとはしませんでした。中世の流民は、依然として「見えない人間」にすぎなかったのです。

フランチェスコは新興商業ブルジョアジーの御曹司であったにもかかわらず、父の道を継ぐことを拒否したと書きましたが、その結果、じつの父親自身から訴えられる仕儀となりました。かれはアシジ中央広場で、衆人環視のうちに野外法廷に引きずり出され、父親と対決させられました。その法廷で、居並ぶ人々をあっと言わせるような出来事が起こったことは、あまりにも有名な逸話です。突然フランチェスコが素っ裸となり、着ていたものを父親の足元に置いて次のように宣言したからです。

「これよりのち、わたしの真の父はピエトロ・ベルナルドーネではなく、天なる主だけです」

それは一二〇七年の春のことでした。かれが全裸となった瞬間、その場を差配していた司教によって法衣が差し出されました。フランチェスコはそれを拒みはしませんでした。もしもフランチェスコがその法衣を振り払い、代わりに農夫の粗布を要求していたとしたらどうだったか、と考えてみることはあながち無意味なことではありません。なぜなら、ほとんどまちがいなく、かれは異端の烙印を押され、火刑台に送られることになったはずと思われるからです。ブルジョアの衣服を脱ぎ捨てたその場で、代わりに差し出された法衣をも拒むとしたら、それは現世の華美の否定を意味することになるばかりか、ローマの宗教的権威そのものを否定することになるでしょう。その場で、もしも農夫の衣服を要求したりすれば、その要求自体が革命的プロテストの意味を持つことを露骨に表わすことになったでしょう。（しかし、この点で但し書きをしておくならば、フランチェスコの伝記のなかには、この日かれが法廷を最終的に退出するときには、職工が着るチュニックを身にまとっていたと書いてあるのもあります。）

フランチェスコはけっして意識的に過激な行動を取るような人ではなかったので、もっと時間のかかるプロテストの方法を選びました。その方法は一見穏やかで妥協的に見えますが、別の観点から見れば、よりいっそうラディカルであったとも言えるのです。

一二〇九年の今日、つまりその年の二月二十四日の朝のことですが、フランチェスコはポルチウンクラにおもむきました。ミサで、かれは聖ダミアーノ教会からやって来た司祭によってマタイ伝が朗読されるのを聴きました。（読まれたのはルカ伝だったとしているのもありますが、内容は大同小異です。）

「行って、『天の国は近づいた』と説け。病人をなおし、死人を生きかえらせ、癩病人を清め、悪鬼を追い出せ。福音も病気をなおす力も、みな神からただで戴いたのだ、ただで与えよ。旅行に支度はいらない。金貨も銀貨も銅貨も、帯の中に入れてゆくな。旅行には旅行袋も、着替えの下着も、靴も、杖もなんの用意もいらない。働く者が食べ物をいただくのは当然だから」（マタイ伝第十章七―十一節、塚本虎二訳）

耳をかたむけているうちに、その言葉はイエスからの直接の語りかけであるかのようにフランチェスコには思われました。卒然として、かれは杖も物入れ袋も財布も靴も捨て、この地方の貧しい農民が身に着ける土色のチュニックをまとい、腰には荒縄を巻きつけました。そのなりで、かれとかれの仲間は、なにがしかの仕事をしながら町や村のなかへと入って行きました。こうして、かれはいまや教会を建てる隠者から、福音として清貧を述べ伝える使徒となったのです。すなわち、かれらもまた遍歴する者となったのであり、福音をたずさえてヨーロッパのいたるところで布教活動を行いました。ただものを乞うのではなく、なにがしかの仕事を見つけ、その代償として、その日、そのときだけの食い扶持をかせぎました。ですから、フランチェスコの思想の根本をなすものを、「貧」一般の概念でとらえようとするだけでは単純化しすぎることになりましょう。フランチェスコ会を托鉢修道会というふうに呼ぶとしても、かれらを一般の物乞いとは同一視できないわけです。かれらが門口に立って食べ物を乞うたのは、仕事が全然見つからないときだけでした。

このように見てくると、フランチェスコが農夫の日常服を教団のユニフォームとしたのは、それが「清貧」の記号だったからであることは疑いないところですが、それと同時に、その「清貧」の記号を通じて、貧困を強いられながら貧困の自覚から遠ざけられている人々の心の状態に対する共感の念もまた強められて行くことになった筋道が、次第にわたしに見えて来たように思われます。その思想自体、福音書に書き記された教えに合致するような自分の内面の道を模索することから生まれて来たのでした。

富裕な市民階層が勃興する時代は、また都市に人々が集中してくる時代でもあり、一部の人々の豊かさとは裏腹に、それらの流民が抱えていたのは貧困だけでした。すでに流民となっていた人々、あるいはまだ流民となっていないまでも、その寸前まで追い込まれていた人々、こういういわば路上の民と化していた中世庶民のとかくアナーキーになりがちなすさんだ心に向かって、フランチェスコの思想が語りかけたことは、路上を放浪することは同時に魂の内面への道を歩むことでもあるということでした。

故郷を見捨て、巷と路上に雑踏する人々の飢えきった心身にとって、その教えはどれほど救いとなったことでありましょうか。

ただし、それを教団の運動として実践することは、望むと望まざるとにかかわらず、すぐれて政治的な意味を持つことになります。ものを所有することは神の道にもとるという教えは、フランチェスコの父ピエトロ・ベルナルドーネに代表されるような現世流のものの考え方と、まっこうから背馳するばかりでなく、ローマを総本山とする当時の教会のあり方に対する根底的な批判を含んでもいたからです。フランチェスコが「清貧」の思想を実践することによって伝えようとしたことは、教会が従来やってきたように、人々の生活の貧しさを合理化することではありませんでした。むしろ、「貧困」の意味について思い潜める内省の目を獲得することだったのです。

したがって、その思想の政治的意味というのは、二重の意味で革新的なものを含んでいたことが分かります。第一に、「貧困」の意味について問い直すことは、人々に内面への道を指し示すことでもあり、そこから自分を深く見詰め直そうとする精神の伝統が生まれて来たことです。

第二には、清貧の実践を神の意志に沿う生き方として行うことは、人々の気持ちのなかに生活の貧しさに対する諦念を植え付けるものともなり得た反面、率先して清貧を実行すべき立場にある人々の豪奢華美な生活に対する懐疑を抱かせずにはおかなかったことです。

フランチェスコがそれまでの巡礼服を脱いで、それよりももっと粗末な農夫の衣服を身に着けるようになった日、それは、かれが聖ダミアーノ教会のキリストの磔刑像から有名な啓示を受けた一二〇七年のある日ではなく、むしろそれから二年後にあたる一二〇九年二月二十四日の朝のことでありました。

前にも触れたように、新たに選び取られた衣服が持つ社会的な意味に注目することが、この場合、重要ではないかとわたしには思われるのです。それは、自分の信仰は貧者の側に立つものであるという思想的な構えを端的に表わす記号の意味を担っていたからです。その記号は、たんに「清貧」の意味内容を伝達するばかりでなく、当時の社会と現実の成り立ちや構造について、明確なイメージを意識の表面に呼び起こさせる指標のようなものでもありました。

そのように、思想的な革新性を持つフランチェスコの信仰の実践が開始されたのが、一二〇九年二月二十四日、ポルチウンクラでのことだったろうとわたしは思うのです。

そんなふうに考えてくると、今日の若い僧たちが伝統と化したフランチェスコのチュニックの下にジーパンをはいていることをもって、かれらがインチキだと考えることは、むしろ物の見方があべこべであるということになるかもしれません。かれらのジーパン着用が、教団のなかで、自給自足の生活を維持していくための作業衣でもあるとしたら、むしろチュニックを脱いでジーパン姿を新しい教団のユニフォームとするほうが、フランチェスコの精神にいっそうふさわしいとも言えるわけです。

いずれにせよ、中世の裾の長いチュニックは、作業衣としての実用性において今日でもなおジーパンより断然すぐれている、と断言しきれないことだけは事実のようです。


ところで、話は変わりますが、今日の午後、アシジの町から歩いて四キロほど離れたカルチェリと呼ばれる小さな僧院までわたしは出かけました。カルチェリというのは監獄という意味があって、そのむかしそこがなんの用途にあてられていたかをうかがわせる呼称ですが、フランチェスコはここを自分および自分とごく親しい弟子たちのための瞑想と静思の場所として、ことのほか愛したのでした。場所はちょうどスバシオ山との境目になっている谷あいで、一帯はこんもりと茂った森になっており、いまはまだ雪のなかに埋もれるようなたたずまいを見せています。

平野に降った雪は日中溶けてしまいますが、ここはかなり奥まった地形なので、降り積もった雪がいつしか根雪になるのです。そういうわけで、森も僧院の屋根もすべて真っ白な雪におおわれていました。その根雪の上にさらに昨夜の雪がふんわりとかぶさり、童話のような、昔話のような、なんとも言えないなつかしい風情をかもし出していました。

アシジを訪れた人がついでにここまで足をのばし、石の壁や塀の冷え冷えとした感触を手のひらに受け止めながら、右手前方に広がるウンブリア平野をはるかに望み見るとき、この小さな僧院のあたりに立ち込めている静寂さこそ、かつてのアシジの静寂さにつながるものである、と得心が行くのではないでしょうか。

聞こえる物音と言えば、石塀の上に舞い降りる白い鳩の羽の音だけ、あるいは、昨晩のうちに枝の上に降り積もった新しい雪が、微風に抗しきれずに滑り落ちるさらさらという音ばかり。周囲の森と谷間にはいたるところ散策路が張りめぐらされていますが、いまは木立ちのあいだにも雪が降り積もっていますから、先に歩いた人の足跡が見分けられるところを除けば、いったいどこが小路なのかちょっと判別がつかなくなっています。

フランチェスコが瞑想するために用いた部屋は、僧庵の床の岩盤を掘り抜いた深い穴のなかにありました。そこを見ようとすれば、ゆるやかな螺旋状になった小さな階段を、下まで降りて行かなければなりません。降りきってみると、部屋というよりほとんど穴蔵です。わたしはひどい閉所恐怖症なので、このようなせま苦しいところにわずか数分もいるだけで、にわかに肺が圧迫され、呼吸に困難をきたしかねない。案の定、動悸が激しくなってきました。それでも、わたしは壁伝いに手さぐりしながら、ひとわたりその小部屋を確かめてみました。すると、一隅に小さな祭壇が設けてあり、その左の壁に凹みがあります。手で凹みの内側をよく触ってみると、下部が棚のように平たくなっています。といっても、身を丸めた子供一人がやっともぐりこめるかどうかといった大きさ。おそらくそこに、フランチェスコが、祈りと瞑想に疲れ果てた身を横たえたのです。壁龕そのものの小ささが、そこにわが身を押し込んだ人の小ささを暗示しているかのようでした。

出口は入り口と別になっていて、位置から言うと、入り口のほぼ真下に当たるところにあります。出口とはいえ、小さな縦長の穴がぽかりと開いているだけ。入り口よりも出口の穴のほうがずっと小さいのです。水に飛び込むような具合に両手を挙げ、身体をぐいとねじ込まないと、抜け出るのも容易ではありません。おまけに厚手の外套を着込んでいますから、ますます簡単には通り抜けられない。なかば恐慌をきたしながら、わたしはほうほうのていで外へ出て来ました。まるで母親の産道を通り抜ける嬰児にでもなったような気分。針の穴を潜らされる駱駝といったところだな、とわたしは独り言を言い、歩き出す前にしばらく呼吸を整えなくてはなりませんでした。

そのときちらりと奇妙な光のようなものを足元に見たような気がしました。ガラスの破片かと思い下をよく見ると、ちょうどわたしの靴先のところに、小さな一つの穴がうがたれているのに気がつきました。直径およそ三センチ。しゃがんで覗いてみると、なんと下は深い断崖になっているのでした。思わずぐらりと地面が揺れ、からだの均衡を失って、わたしは膝をついてしまいました。自慢ではありませんが、わたしは閉所恐怖症のうえに、れっきとした高所恐怖症でもありますからね。

穴から見るかぎりでは、峡谷に面した岩壁は、Vの字をさかさまにしたように、あるいはAの字から内側の横棒を取り払ったように、内側に向かって裾広がりにえぐられています。まるで瞑想場所になっているこの岩窟そのものが、一個の岩の塊に穿たれていて、岩自体は両側からもたれ合った大岩と大岩との上に掛けわたされてでもいるかのようです。

とすると、この岩窟のあの小さな出口を通り抜けるというのは、文字どおり母親の産道から出てくる赤子ということになるのかな。そんなことまでわたしは想像しました。

それかあらぬか、子宮を思わせるような狭い小さな岩窟の内側で、まるで胎児のようにからだを折り曲げながらフランチェスコは瞑想にふけったのでした。胎児のような無心さで、ひたすら自分の内面を透明にしようとかれは心をかたむけた。そんなふうにわたしには思われるのです。そして、この墓穴のような岩窟のなかで、長いあいだこもって瞑想にふけったあと、ふたたび外に出て来る。おそらくそのたび、無垢の状態または無一物の状態として、フランチェスコは自ら生まれ変わろうと願ったにちがいありません。

帰り道、アシジの街の方角に向かいながら、凍った坂道を用心しいしい降って来るうちに、早くも日は暮れかかりました。そのとき、目をみはるような光景にわたしは遭遇したのです。前方に広がるウンブリア平野に、美しい日没の光景が姿を現わしていました。

冬枯れの木の枝がすでに黒いシルエットを浮かび上がらせている。その輪郭が、山稜の彼方に沈んで行く太陽によって薄い紅色に染められた夕霞のたなびく空の背景のなかから、くっきりと浮かび上がっていました。かつてフランチェスコもまた、このような風景に見とれたことがいくどとなくあったはずです。そう思ってみるせいでしょう、路傍に佇立する葉の落ちた木々の影が、あたかも「清貧」とはなにかをわたしに告げ知らせるかのようです。胸の奥から、なにか覚えのある感情が湧き出てくるかのような気がしました。
それは、デジャヴュと呼ばれるあの奇妙な疎隔の感覚ともちがうようです。わたしはその感情を、フランチェスコの弟子のクインタヴァレのベルナルドの魂を満たしたあの「聖なるものへの郷愁」に結びつけたいという誘惑を、ほとんど抑えかねました。

いずれにせよ、それが不思議な懐かしさを湛えた感情であったことを、わたしは自分がながく忘れぬだろうと思います。

このとき、背後からわたしにだれか言葉をかける者があります。わたしはいま歩いて来たカルチェリからの道を振り返りました。むろんわたしの錯覚です。うす暗くなった山際の道には、人っ子一人の姿も見あたらないのでした。

ただ、投げかけられた言葉だけが、炎を吹き消されたあとの煙がそこいらにたゆたうように、わたしの胸のなかで余韻を漂わせています。かろうじてその言葉の切れはしだけが、その場で、わたしの手帳にこんなふうに書きとめられたのです。

路上を行く者よ、歩みをとめよ。
木々の清らかさを思い起こしたいと願うのなら。
木々の美しさを思い起こしたいと願うのなら。
それならば、凍てつく冬の大気のなかに立て。

路上を行く者よ、耳をかたむけよ。
静寂のなかでおまえは聴くだろう。
たたずむ木々、おまえの同胞の声の清らかさを。
美しい木々、おまえの同胞が語る大地の言葉を。

路上を行く者よ、目を凝らせ。
夕陽の照り返しのなかにおまえは見いだすだろう。
十字架にかけられた人のように、聖痕を帯びた一本の樹木を。
そのかたわらに、黒く反転したおまえの姿を。

第二の手紙——ポルチウンクラ小礼拝堂にて

一九九三年三月二日
アシジに着いた翌朝は山も平野も雪に覆われていたとわたしは書きました。それから数日のあいだは快晴が続き、三月に入るとともにこのまま春の到来かと思われましたが、きのうから天気はふたたび崩れ始めました。いまは午前四時。外はまだ闇のなかにあり、平野部の街の明りが点々と見えるだけです。そして先ほどからしきりに雨が降っています。

この景観とこの閑寂をなつかしく思う旅人は古来少なくなかったのでしたが、わたしも当初ローマに向かうはずだった予定を変更して、この地にもうしばらくとどまろうと思います。ミラノ、ヴェネツィア、ボローニャ、フィレンツェと見て来て、観光都市の喧騒にはさすがに辟易しつつあったこともあり、そういうときにアシジにやって来たので、いっそうローマの魅力がわたしのなかでかすんでしまうことになったのかもしれません。

わたしはイタリア旅行の最後をアシジでしめくくることにしました。フォーダーのガイドブックをごぞんじでしょう。あの重い本の分厚いページを次々に破り捨てながらわたしは南に下って来たのです。数日前にとうとう本ごとゴミ箱のなかに放り込んでしまいました。アシジで別のガイドを買ってしまったので要らなくなったからです。

他の書物もだいぶ捨てました。衣類も余分なものは捨てました。レンタカーもここで乗り捨て、近くのペルージアの営業所から引き取りに来てもらいました。車のトランクに荷物を詰め込めるだけ詰め込んでいたので、捨てても捨ててもまだそうとうな量の手荷物が残っています。重量から言えば小型ワープロ一式がいちばんの厄介ものですが、いくらなんでもこれを捨てるわけにはいきません。すでに、こうやって手紙を書くのさえ、ワープロがなくては不便と感じるまでに、自分をワープロ族に作り上げてしまっていますからね。この機械を除けば、あとはほとんどが画集や書物です。さすがにそれらのなかには捨てるにしのびないものも少なくはありません。そういうものは梱包して郵便局から日本に送ることにしました。それ以外の荷物は捨てられるだけ捨ててしまおうと思っています。別段、福音書やフランチェスコの後塵を拝そうというわけでもありませんが、これまでの旅で、実際にはなければないですませられるものを、自分があまりにもたくさん抱えたまま動き回っていたことは事実なのです。

しかし、清貧を説いた聖人の故郷までやって来て、たといにわか信心に取り憑かれた人がいたとしても、かれが急になにもかも捨てられるとはわたしには思えないのです。かれが若きフランチェスコのように、それまで身に付けていたものをすべて脱いで、両親のもとへ送り返すことができたとしても、その小包のなかにほかのものと一緒に入れられないもののあるのではないでしょうか。なによりも捨てられないもの、それは自分ではないでしょうか。

衣服や書物などは、ひとたび決心して捨てようと思えば捨てられるかもしれませんし、実際、人生のなにかの節目に、そういう気になったことがただのいちどもないような人の学問や文学は、どこか信用できないような気さえわたしはしないわけではありません。

しかし、このわたしの自我だけは、たとえ熟考の末に捨てる決心をしたとしても、実行に移したと思ったすぐあとから舞い戻り、あたかも影のようにどこまでもついて回るのではないでしょうか。

姿かたちがあるものならば、いったん手から離してしまえばいちおう捨てたことにはなりますが、自分の影となれば、捨てても捨てても執拗にまとわりついて離れようとしないにちがいありません。

フランチェスコが説いたもうひとつの教えは、「従順」ということでした。「従順」を言いかえれば、「無私」ということになるだろうと思います。しかし、自分の行くところどこへでも、あとになり先になりしながらついて回る執拗な影の存在は、けっして従順の比喩とはなり得ません。シャミッソーやアンデルセンら近代の作家の物語を読んでおりますと、いずれも小癪な影の存在をかれらが追及していることが分かります。アンデルセンの場合は想像力が悪夢の域にまでいたろうとしています。それは、かれらもまた自我の影に悩まされ続けた人々であったことを、はっきりと証拠立てていると言ってよいでしょう。

ところで、アシジの丘陵をくだって南に平野部を四キロほど行きますと、駅をちょっと過ぎたあたりにサンタ・マリア・デリ・アンジェリという教会があります。そのドームはアシジの丘からもはっきりと見えます。ドームの内側にくるみ込まれるようにして小さな石造りの建物があるのですが、それがポルチウンクラといって、フランチェスコの布教活動のいわばセンターのような役目を果たしていました。いまでも当時そのままの姿で、ドームの円蓋の下にすっぽりと収められているのです。

ポルチウンクラ Porziuncola という言葉の意味は、アシジで買った英語の案内書の説明によれば、a little portion、つまり「ほんのわずかな土地」です。その名のとおり、分け与えられたごくごくわずかな土地、そしてそこに建てられたあたかも小屋かせいぜい貧しい農夫の家のように簡素で小さな建物。あらゆる所有を拒んだフランチェスコがやっと受け入れることに同意したのが、このポルチウンクラにほかなりませんでした。

しかし、その「ほんのわずかな土地」からなんという大きな魂が生まれいで、ちっぽけな「私」など乗り越えてしまったことだろう、と思わないわけにはいきません。大きな家に住みながら、ちっぽけな魂だけしか持ち合わせない人々もいるのに。そしてちっぽけな住居に住み、あたかもそれに見合うかのように、ちっぽけな自我を持てあましている者はもっと多いのに。

フランチェスコは、キリストの生涯の意味を、文字どおり実践によって学ぼうとしたのでした。それはそのかぎりでじつに単純な思想でありました。単純であるがゆえに、実践は至難のわざであったと思われます。

なぜなら、フランチェスコは自分の思想と実践をあくまで運動として行おうとしたのですから。わたしのように、ちっぽけな「私」を捨てられないでいる人間から見ると、その思想と実践で撚り合わされた綱の上をわたって行くことを想像しただけで、たちまち眩暈が起こってくるかのようです。眩暈を起こさせるのは張りわたされた綱が細いからです。そして、綱が張りわたされたところがわたしの頭上のあまりにも高所にあるからです。

とはいえ、次のようなフランチェスコの優しいこころ根を語ったエピソードに触れたりすると、少しばかり、わたしの気持ちも勇気づけられるように感じられないことはありません。

兄弟会の初期のころの話ですが、禁欲に徹しなければならないと考えた兄弟の一人が、無理を押して苦行を重ねました。ある夜のこと、この兄弟が「死にそうだ。死にそうだ」と叫ぶ声で、フランチェスコは目を覚ましました。そばに行ってわけを訊くと、空腹のあまり死にそうだという返事でした。そこでフランチェスコは食事の用意をさせ、ほどなくこの兄弟の苦痛を取り除いてやりました。はからずも他の兄弟たちは相伴に預かることになり、フランチェスコ自身も食卓に連なりました。食事が終わると、みんなの前でフランチェスコはこう語りました。

「愛する兄弟たちよ、みんなにはっきりと言っておきたいのだが、自分の本性に相談するようにしなさい。他人より少ない食事ですむ者もいるだろうから、食事では他人のまねをせずに、自分のからだに必要なだけのものを食べて、心から喜んで精神の奉仕ができるようにしてほしい。なぜなら、わたしたちは必要以上に食べることによってからだや心に害とならないようにしなければならないが、禁欲に徹しようとするあまり、改心を遂げられるどころか反対に改心の犠牲となるような事態が起こることは、これを避けなければならないからである」

右の例のように、フランチェスコの言う「無私」が、他の兄弟たちにとって実行不可能なものではなく、あくまで自分に可能なかぎりでの奉仕にとどめられる人間的な柔軟さを持ったものであるということは、なにかしらホッとさせられるような気がするではありませんか。

フランチェスコを同時代のほかの改革者たち（たとえばヴァルドゥー）から際立たせている特徴の一つもそこにあると言ってよいかもしれません。実際、フランチェスコは消極的な精神の持ち主ではなかった代わり、さりとて批判精神の持ち主というわけでもありませんでした。かれの知っていた唯一の批判は自己批判であった、とヨルゲンセンなどは言っています。ヨルゲンセンがその著書で引用しているある歴史家の言葉を、ここに孫引きさせていただくことにしましょう。

「フランチェスコは幸福な生活の告知者として、ヴァルドゥーは聖い掟の告知者として登場した。フランチェスコはキリストの愛を、ヴァルドゥーは主の戒律を説いた。フランチェスコは神の子である喜びにあふれ、ヴァルドゥーは世の罪を罰した。フランチェスコは治癒を求める人を身近に集め、他の人は自由にさせた。ヴァルドゥーは無信仰者の不信を攻撃し、司祭を憤慨させた」

フランチェスコは、「個人の改革を伴わないあらゆる改革が意味を持ち得ないことを、本能によって知っていたのだ」とヨルゲンセンは言うのです。ここに、古くて新しい思想があると言うべきではないでしょうか。

たとえばわたしの念頭にはいま、オーウェルがチャールズ・ディケンズについて書いたエッセイのなかで語っていたことなどが思い出されるのです。オーウェルは確かこんなふうに言っていました。

「人間が品位をもって行動すれば、世界もまた品位あるものとなるだろうという考え方は、一見したほど陳腐であるとも言えないのだ」

オーウェルがそう言うのは、社会をよくするとき二つの考え方があり、両者はいつも対立するわけではなく両立することができること、だから両立させるような道を取るべきだという主張があるからです。すなわちいっぽうには、体制を変えないままで人間性を改善することなどできようはずはないではないかという考え方があります。これに対して、人間性を改善せずに体制だけ変えてもいったいいなんになろうかという考え方があります。いっぽうはモラリストの考え方であり、他方は革命家の立場です。ディケンズが前者であることは言うまでもありません。その意味でかれはフランチェスコと似た考え方を持っていたとも言えましょう。

しかし、二人には決定的に異なるところがありました。それはディケンズが、社会に存在するさまざまな障害の原因をなしている権力の濫用が、究極的には財産の私有制度から必然的に生じて来るということを、ついに見抜くことができなかったという点です。フランチェスコはそれをほとんど直観的に洞察していました。もしかしたら、権力と人との関係を本能的に理解し得たごく稀な一人として、われわれはフランチェスコを想起すべきなのかもしれません。ヨルゲンセンによるフランチェスコのイメージはそんな想像さえもわたしに起こさせるかのようです。

フランチェスコの修道会がヴァルドゥー派やカタリ派あるいはまたフミリアリティのように、異端として迫害されなかった理由は、いろいろ挙げられるかもしれません。

しかし、かならずしもフランチェスコの運がよかったということだけではないのです。ヨルゲンセンが指摘するように、フランチェスコがヴァルドゥーと異なるところは、それを他の異端と比較した場合にも当てはまるような相違であったと言うことができます。

フランチェスコは、他の修道会が聖い掟の告知者として登場したとき、幸福な生活の告知者として現われたのです。主の戒律を説く代わりに、フランチェスコはキリストの愛について語りました。罪ある生活に罰をもたらそうとする代わりに、フランチェスコは神の子である喜びを歌いました。無信仰者の不信心を攻撃するのではなく、また司祭を憤慨させるのではなく、フランチェスコは治癒を求める人を身近に集め、他の人は自由にさせたのです。

ですから、こうして見ると、フランチェスコの思想ばかりでなく、その実践の仕方そのものが、世の多くの信仰者とちょうど正反対であることに気づかされるのです。いや、信仰者ばかりではありません。どの時代の革命家、教師、両親もまた、フランチェスコの行ったことと反対のことを行いながら、それをあたりまえとみなして疑うことがなかったのではないでしょうか。

アシジにやって来て、そんなことを想起しながら、あらためて自分というものを振り返ってみると、自分が一介の大学教師として、また民主的な目的を持つ運動に加わった経験のある者として、さらに言うならば、幾人かの女性を愛したことのある男として、また二人の子供をこの世に送り出した父親として、等々、とにかくさまざまな他者との関わりや交渉において、そのあり得たかもしれない最善の場合でさえ、自分がけっしてフランチェスコ的ではなかったこと、むしろヴァルドゥー派的態度をもってふるまって来たということを認めないわけにはいかないのです。

とすれば、このままでは永久に乗り越えられそうにもないわたしの自我のあり方もまた、わたしのなかの「ヴァルドゥー派的」な部分とどこかでつながっているということになるのではないでしょうか。

フランチェスコに関してあまりにも幻想を見すぎていると言われるかもしれませんが、こうして当地のように落ち着いた雰囲気のなかで自分の気持ちを少しずつ確かめていると、不思議にも、フランチェスコが異端の烙印をまぬがれた理由が、なるほどと自然に得心が行くように思われても来るのです。

かれは、けっして運がよかったのでもなく、また政治的に立ち回る術を身につけていたのでもない。むしろ、かれの謙虚さが、だれの心にも悪意を起こさせないほど徹底したものであったがゆえに、さしものローマも警戒を解かないわけにはいかなかったのではないか、とさえ考えたくなるのです。

さて、そのような謙虚さにつながるポルチウンクラとフランチェスコの思想という観点に立ってみると、サンタ・マリア・デリ・アンジェリ教会の清浄な白さでさえも、一つのアイロニーを含まないわけにはいかないもののごとくです。というのも、アシジの丘陵の西側の断崖にそびえ立つバシリカと同様、それはむろん聖人の死後に建てられたものですが、建築の思想は謙虚さと清貧に向かっているどころか、反対に壮麗さへの憧憬をはっきりと表わしているからです。

かつてゲーテは、このサンタ・マリア・デリ・アンジェリ教会の前で馬車を乗り捨て、秋風の吹きすさぶ野なかの道を歩いて、アシジの町を目ざしたのでした。しかしゲーテはこの教会を見たとは一言も書いていません。それどころか、バシリカに対してはっきりと嫌悪の念を持ったことを書き記しているくらいなのです。

詩人はフランチェスコに引かれてアシジにやって来たのでさえないのです。少なくとも『イタリア紀行』を読むかぎり、フランチェスコ自身についてどのような考えをゲーテが持っていたのかは分かりません。

それはともかく、バシリカやサンタ・マリア・デリ・アンジェリをこの目で見ていると、なにか当惑に近いような割り切れなさがわたしの胸のなかにも湧き起こって来るのです。あとに続く者が、自らの実践を、先人の偉大な実践に重ねて行こうとすることと、聖人の遺徳をしのび、その偉大さを建築物の壮麗さによってたたえようとすることと、どちらがよりいっそう困難を伴う業であろうか。そんな疑問さえわたしの胸には生じて来ます。

異端として断罪されたカタリ派やヴァルドゥー派も清貧を貫きましたが、ローマに従属しつつ清貧の理想を掲げたのは、なにもフランチェスコをもって嚆矢とするわけではありませんでした。クレルヴォーのベルナールもまた清貧の徳を説いた一人でした。しかし、シトー会にしてもまたベネディクト派にしても、広大な土地を領有し、活動と運営はその教会財産によって始めて可能となったのです。そこから、次のような論理が確立して来たとしてもむしろ当然だったかもしれません。

すなわち、修道会が裕福であることは、なにも修道士個人の富を意味するわけではない。かれらは生活の心配なく理想的使命に献身することができなければならない。そのために、ある程度の所有はやむを得ない、と。

しかし、この論理がいかにやすやすと教会の富裕すぎるほど富裕な富の合理化のために濫用されて行ったことでしょうか。

これに対して、フランチェスコは、清貧に生きることから得られる深い無私の歓びを、論理ではなくむしろ生き方において直観したのだと思います。

ですから、かれが神の福音として伝えたいと願った清貧の理想とは、掟ではなく、むしろ歓びの感覚そのものであったのです。かれはその喜びを人に伝える術を知っていました。われわれが今日フランチェスコから学ばなければならないのは、また学ぶことができるのは、その清貧の歓びのほうでしょうか、それともそれを伝える術のほうでしょうか。両者はまったく同じものであるようにも見えますが、同時にまた、微妙に異なる次元に属しているようにも見えるのです。いましがたゲーテに触れましたから、そのついでに、アシジでわたしが目にした一つの事実をお伝えしておきましょう。それもまた、現代のアイロニー以外のなにものでもないからです。アシジは小高い丘陵とはいえ、中世に典型的に見られる山上都市なので、市壁の内側の面積はさして広くはありませんが、足で歩き回るとなるとかならずしもラクとは言えないのです。

中世以来の石畳の道は錯綜した坂になっており、道幅は狭いのに両側の建物はいやに高く作ってあります。建物の下のほうは黒ずみ、おまけにおたがいぴったりとくっつき合っています。そこをおびただしい車が遠慮なく走り抜けて行くのです。大部分は一方通行になっているため、スピードに容赦がありませんから、排気ガスが通りに立ち込めて息ができなくなるくらいです。建物の下のほうが黒ずんでしまっているのは、主として排気ガスによるものと思われます。そのため、通りによっては静寂や閑静とはほど遠いところもある、と率直に言わなければなりません。

とくに、フランチェスコ・バシリカの前が広い回廊に囲まれた駐車場になっており、メインストリートに入るためには、その駐車場のまんなかを通り抜けてすぐ、いわばヘアピン・カーブのように鋭く折れ曲がった急坂を登らなければなりません。ですから、車はすべてこの坂の取っつきで、いちどギアを切り替えなければならないのです。そのため、ギアを踏み込むすさまじいエンジン音と吐き出された排気ガスとが、バシリカの正面の扉にまともにぶつかることになります。そして、このバシリカの地下にフランチェスコの遺骸が安置されているのです。

七百年後の今日、聖人の眠りは、かれのもとを訪れる観光客による騒音で破られ、聖なる遺骸は車の排気ガスと人間の炭酸ガスのためにますますみにくく黒ずんで行くいっぽうです。

わたしが車を捨てることにしたのは、この小さな丘の上の街を乗用車で走り回ることに、空しさというよりもむしろ滑稽を感じたからでもありました。前にも申しましたように、観光都市はもうたくさんという気持ちになって静寂に包まれたこの美しい中世都市へやって来たのでしたが、実際に来てみると、この町は、住民の大半が自分のような行きずりの観光客たちの群れによって追い出されてしまったところなのでした。

土産物屋で絵葉書を物色しながら、英語を話す若い主人と話をしていて分かりましたが、この丘の壁の内側、つまり中世以来の市壁の内側で暮らす人は、いまは数も少なく、多くの人々は山を去って平野部に住居をかまえているということでした。それは、世界各地から年々大量に訪れる観光客に諸設備を整える必要から、従来の民家がホテルや土産物屋へと次々に改築されてしまった結果であるというのです。

こうして、アシジの人々は、朝になると麓から車で「出勤」してくるわけです。そして日が落ちるとまた麓に帰って行くのです。ですから、ホテルで働くひとにぎりの従業員をのぞけば、市壁の内側は世界中からやって来た観光客によって占領されたのと同じことになるわけです。

フランチェスコが亡くなったのはポルチウンクラでした。息を引き取る直前、この山上の美しい街を見上げながら祝福を与え、この街から天上に迎えられる人々が数多く現われるようにとかれは祈りましたが、それから七百数十年ののち、この町にひしめいているのは、たったひと晩か昼の数時間だけの滞在で、あわただしく通り過ぎて行く人々だけとなったのです。

アシジはいまや信仰や生活のための空間ではありません。むしろ、束の間の旅人の街といったおもむきを呈していると言わなければならないでしょう。中世以来、この地は「聖地」と形容されてはきましたが、信仰の有無を問うことのない大量観光の時代にあっては、単純さを実現し続けることのむずかしさを、街全体で象徴しつつあるとも言えるでしょう。

単純さを憧憬する精神から生まれながら、むしろ次第に単純さから遠ざかってゆくほかない現実を生み落としたことにもなり、それはアイロニーに満ちたわれわれ現代人の魂の迷路そのものでもあるように思われてならないのです。

第三の手紙——聖ダミアーノ教会にて

一九九三年三月五日

一昨日のことですが、糸杉とオリーブの植えられた坂道を下って、聖ダミアーノ教会まで出かけました。十日ほど前にいちど見ているのですが、どうしてももういちど見ておきたいと思いました。フランチェスコは荒れ果てたままになっていたこの教会に立ち寄ったおり、十字架にかけられたキリストの絵から啓示を受けたと言われています。「見るがよい、教会はまさに崩れつつある。わたしの教会を建て直せ」とキリストはフランチェスコに語りかけました。

このときの啓示を、比喩としてではなく、言葉どおりに受けとったフランチェスコが、手ずから建て直した内陣は、むろん当時のままではありませんが、部分的にはいまでも残っているところがあると言われています。

内陣に通じる手前の二番目の部屋がチャペルになっていて、そこを通らなければ内陣に達することができませんが、この二番目のチャペルのなかに入って右側の祭壇の上を見上げると、かなり大きな木彫りの十字架像が掲げられているのが目に入ります。むろん、それはフランチェスコが七百年以上も前に啓示を受けたあの有名な像ではありません。かれが亡くなってからおよそ三百年後、十七世紀の前半に一人のブラザーによって制作されたほぼ等身大の木彫りの十字架像です。そのブラザーの名前はインノチェンツォ・パレルモと言いますが、伝記的な事実など、詳しいことはわたしにはほとんど分かりません。しかしそのキリストの像を見たとたん、名状しがたい衝撃がわたしを襲いました。そのことをこれから書きます。

それはなまなましいまでに写実に徹した像でありました。わたしがたちどころに連想させられたのは、ホルバインの描く横たえられたキリストの死骸の絵でした。ドストエフスキーが『白痴』のなかで言及しているあの作品です。呵責ないホルバインのリアリズムがドストエフスキーを打ちのめしたように、この像にも写実へのすさまじい執念がありありと見え、長く見つめているのがつらくなってきます。中世の画家たちは美術作品を制作しようと思って十字架像を描いたのではありませんでしたが、ルネッサンスを通り越した近世の制作者もまた、芸術的な表現への欲求とはいささか異なる激しい衝動を内心に感じていたものかもしれません。

キリストのはりつけを写実的に表現した像ならば、わたしはスイスでもドイツでも目にしました。とくに山間部にある村の小さな教会に入ったりすると、薄暗い祭壇の上に、目を背けたくなるようなキリスト磔刑の像が掲げてあったりします。残酷で無気味です。およそ芸術的とは言いがたい表現なので、見ているこちらがいたたまれなくなることもしばしばでした。

この聖ダミアーノ教会の十字架像も、芸術的な感動を与えるというよりもむしろ残酷で無気味な印象のほうが強いことは、スイス、ドイツの山間部の十字架像と同じです。しかし、リアリズムという点では、こちらのほうがもっと徹底していると言わなければなりません。白い痩せこけたからだ。それは、どう見ても、死後数日を経ているほんもののむくろとしか思えないくらいです。絶命した頭部はがっくりとうなだれており、半開きになった口からうわ顎の一部と歯が見えます。歯はなぜかまっ黒な色をしています。

それに、十字架の横木に伸ばされた両方の腕のなんというかぼそさ。ほとんど干物みたいに萎びきっていると言ってもいいくらいです。脇腹のあたりの肋骨は無残に浮き出ています。ところが下半身を見ると、明らかに膨脹が見られるのです。もしかすると、この像を作った人は、晒し台の上で死んだまま放置されている処刑された罪人の死骸をじっくりと観察したことがあるのではなかろうか、とさえ推測したくなります。

しかし、キリストの磔刑像ですから、右の脇腹の上に槍の刺し傷があるのは言うまでもありません。その傷口がぱっくりとひらいて、凝固した血糊が分厚く付着しています。それとも、凝固した血と見えるのは、じつははみ出した内臓の一部なのかもしれません。耳のうしろからも大量の血が流れ落ちた跡があります。もとより、これは茨の冠で頭部を傷付けられたための出血です。確かに、ここいらまでは伝統的なキリストのはりつけ像とそんなにちがいはないとも言えます。

しかし、このイエス像には、顎の真下の胸の部分にも深い傷があるのです。それから腹部のちょうど臍の左上あたりにも傷があります。そのほかにも数箇所に傷があります。わたしはこんなに傷だらけのキリストの像を見たことがありません。この像を一回目に見た日のわたしの手帳には、「まるでおびただしい銃弾で撃ち抜かれた人のようだ」と記されています。

しかし傷はそれだけではありません。照明が暗くなっているため判別しにくくなっていますが、よく見ると、下半身から脚部にかけての部分が異常に腫れ上がっています。とくに左の足首は、鎖か荒縄で長いあいだ縛られたためにできた跡のようです。もっとよく目を凝らすと、足首の周りにいくつかの穴さえ開いているのが見分けられるのです。「足枷の内側に釘でも突き出していたのではないか」とわたしのメモにはあります。そうだとすると、この像はいよいよ想像で制作したものではないだろうという気がしてきます。「じっさいに処刑された罪人をモデルにしたのではないか。そうだとすれば、罪人は処刑の前にかなり激しく拷問された形跡さえある」とわたしはメモに書き付けないわけにはいきませんでした(以下、ところどころメモに記した言葉を挿し挟みながら続けることにします)。

頭部をいばらの冠が覆っていますが、それは二重三重どころか、十重二十重に巻きつけられています。これでもか、これでもか、と言わないばかりです。その茨の冠もわたしには強烈に印象的でした。

チャペルはせいぜい畳十二畳ほどの広さしかありません。天井は低く、黒く煤けており、壁は灰色に塗り込められています。そしてまったく「装飾の跡がない」のです。腰掛けるところと言えば、壁の両側に沿って縁台のような粗末な腰掛けが一つずつ置いてあるだけです。「瞑想と祈りの場所というよりも、なにかまるで防空壕にでも入ったかのような印象」がありました。しかし、「黒く煤けた天井を見上げると、防空壕というよりもいっそ牢獄に近い」と申し上げたほうがよいかもしれません。

薄暗い電灯の下でわたしが以上のようなメモを書き綴っているあいだに、数人の人々が出入りしましたが、ほかの場所とちがって、ここではだれも一言も言葉を発しないのが際立っていました。「シレンゾ」という注意書きが観光客によって守られているところは、アシジの数ある教会のなかでも、もしかしたらここだけではなかろうかとも思われたくらいです。この十字架像の凄まじいリアリズムに、訪れる人々はだれしも度肝を抜かれてしまうのでしょうか。

聖ダミアーノ教会のイエスの磔刑像を見てから、二日か三日のあいだは、その強烈な残像がわたしの脳裡を去ることは片時もありませんでした。しかし、あるガイドブックには、「信仰者には際立った感動を与えるこの像も、芸術的な観点からは注目されることが少ない」とそっけなく書かれています。

ほかの案内書を見ると、「見る人の立つ位置によって、イエスの表情がちがって見える」と書いてあるものもあります。また、あるガイドには、「どの角度から見ても微笑を浮かべている」と書いてありましたし、さらにまた別のガイドによれば、「チャペルに入っていっぽうの端から他方に位置をずらして行くと、キリストの左の頬から徐々に右側の頬を見ることになるが、それは苦悩、いまわの際、そして永遠の平安へと、十字架上の最後の数瞬間とそのあとに続くものが、その像の表情に暗示されているのが分かるだろう」と書かれています。

もとよりわたしは、美の巡礼をしているつもりがあったわけではありません。しかし、おそらくは、それらの案内書を見たせいもあって、わたしは、「自分がこの像に名状しがたい衝撃を受けただけでなく、なにかもっと引き込まれるような不思議な感じをも同時に受けたということは、美的なものや芸術的なもの以外のなにかにわたしの心が動かされたということをものがたるものだろうか」という思いにとらわれないわけにはいきませんでした。

次に、さきおとといの午後、同市の現代美術館に行ったときのことを書きます。と言いますのは、そこで見た作品のいくつかが、わたしのなかで、聖ダミアーノのイエスの像と呼応するかのように感じられてならないからです。じつはこの美術館は、その前の日、つまり四日前にもいちど行ってみたのです。ところが、その日は入り口に鍵がかかり、ブザーを押してもなんの応答もありませんでした。現在、システマーレ（整備）の最中で、とくにリクエストがある人々にかぎって参観を許可するという但し書きを前もって読んでいたので、失望はしませんでしたが、見られるものなら見ておきたいと思いました。キリコやルオーの作品もあるということだったからです。

翌日あらためて出向いたときも鍵はかかっていましたが、念のためにブザーを押すと、さいわいこんどはすぐに答えがありました。わたしはたどたどしいイタリア語で、「スクースィ。ヴォレイ・ギャラリーエ・ダルテ・サクラ。ペル・ファヴォーレ」と言いました。「すみません。美術館のなかを見せていただきたいのですが、お願いできますか」

「プレーゴウ」とインターホンから声がしてドアのロックがカチリと外れました。しかし、足を踏み入れてみるとなかはまっ暗です。どうしたものか躊躇していると、パッと明りがつきました。頭の上からインターホンの声と同じ声がしました。「プレーゴ、プレーゴ」

見上げると、階段の手すりに寄りかかって、白い上っ張りを着た館員が手招きをしています。上がって行くと、その人は即座に「キリコ?」とわたしに訊いてきました。

うなずくと、案内されたのは確かにキリコの作品の前でありました。画家の初期の絵だとひと目で分かります。ほんとうにあのシュールリアリストのキリコだろうかと一瞬疑われたくらいです。描かれているのはキリスト。主はこのとき大工仕事の真っ最中でした。しっかりした骨太いリアリズムです。まだ、どこにもシュールリアリストの片鱗すらも感じられません。

ところで、この美術館は正式には聖画美術館と呼ばれています。一九三九年に創設されたPro Civitate Christianaというキリスト教研究総合センターの一部をなしていて、初代総裁のドン・ジョヴァンニ・ロッシが同美術館のカタログに書いている序文によれば、現代文明のなかでキリストの教えを生かしてゆくために、絵画や彫刻などの芸術が果たす役割の重要性への再認識から始められた宗教美術運動の一環である、というのです。

言い換えれば、現代の社会生活のなかで、イエスの啓示とそのイメージを最も永続的なかたちで意味づけることができるのは美術である、なぜならば、イエスの存在の無限性に触れるような卓越した感受性を持っているのは、美と愛に対して最もすぐれた感受性を持った者、つまり芸術家であるから、という考え方です(このとき、その序文を読んでいるわたしの脳裡を、聖ダミアーノ教会の「非芸術的」なイエスの磔刑像がゆっくりとよぎって行くようでもありました)。

ロッシが主張している考え方は、イエスの生涯のさまざまな局面を表わしたキリスト教美術の複雑な歴史を伝統的背景として持つものですが、これまで、イエスを扱った宗教画の主要な画題は、聖母に抱かれた幼子としてのイメージ、エジプトへの逃避行のイメージ、十字架上のイメージ、最後の審判のイメージなどでありました。しかし、イエスもまた人の子であった以上、わずか三十三年間とはいえ、その生涯のあいだに日常生活を持っていたことは自明です。

とすれば、その日常が、説教だけに終始していたわけでなかったことも自明でありましょう。そこで、ロッシが創設者でもあるこの美術館では、キリコの初期の作品がそうであるように、キリストの労働もしくは仕事に従事しているイメージこそが現代の人々の存在の要請にかなっているとして、それらのテーマを扱った作品が中心的に集められているのです。

しかし、どの絵も、またどの彫刻も、深い宗教性を感じさせるものばかりとはいえ、ほとんどはわたしが名前を知らない現代の芸術家の作品ばかりでした。具象・抽象とりまぜて百点にものぼろうという所蔵量ですが、キリストを嘲弄したようなものはむろんひとつもありません。

荷揚げ人足のなかに立ち混じって働くイエス、畑で鍬を使うイエス、種蒔きをするイエス、葡萄畑で働くイエス、漁をするイエスなど、さまざまなイエスの姿がありますが、キリコの絵と同じように、テーマとしては大工仕事をするイエスがいちばん多いと思われました(ルオーの五十八点にのぼる『ミゼレーレ』の素晴らしい連作についてもぜひ述べたいところですが、今日のところは割愛させていただくことにします)。

わたしが買い求めたこの美術館のカタログは、一九六〇年代に刊行されたもので、ロッシ自身が序文を書いています。ところが、カタログの最初に取り上げられているのは、意外なことに最も著名なルオーでもキリコでもなく、フィレンツェの画家ジャンニ・ヴァニェッティ(一八九八―一九五六年)の『聖なる働き人イエス』という油彩画でありました。

その絵のなかのイエスは、上半身裸体の上から、仕事用の黄色い前掛けをしています。それを金太郎の腹巻きのように首の後ろのところで紐で結んでいます。からだは痩せていますが、腕はがっしりしています。かれはいま左手の親指を前掛けのポケットに引っ掛けて、ちょうど仕事の段取りを思案しているところといった面持ちです。太い脛。右足は角材を踏まえていますが、その足もじつに大きいのです。わたしのメモには「地面をしっかりと踏み締めて歩いて来た人の足だ」と書かれています。

しかし、ロッシがこの絵について次のように述べているところがわたしの胸を打ちました。

「ヴァニェッティの絵を見ると、いつもわたしは激しい感情に心を揺さぶられる。働く姿のイエスの絵を描いてほしいという依頼に応えて、かれは一本の角材を足元に踏まえた建具師としてのイエスを描いた。画家は角材の表面に次のような銘を書き入れた。『われは甦りなり、生命なり』届けられた絵を見て、すぐにわたしはそれをフィレンツェのかれのもとに送り返した。どうかその銘文を削り落としてくれるようにと画家に頼んだ。かれは快く聞き入れてくれた。しかし、わたしはそのとき重大な誤りを犯したのだ。ヴァニェッティは癌にかかっていた。もうすぐ自分の命が燃え尽きることをかれは知っていた。事実、数か月もたたないうちにこの世を去った。絵のなかに、画家は信仰への最後の意志を書き入れようとしたのだった」

ロッシは「自分は重大な誤りを犯した。」と書いています。それは、かれが美術批評家として書いた言葉でしょうか。それとも、描かれた作品と描いた人間との関係に対する自分の人間的な洞察の在り方を問題にして述べている言葉でしょうか。もしも後者だとするならば、ロッシはイエスの働く姿をテーマにした作品を収集するにあたって、美術作品つまり表現されたものと、芸術家つまり表現の衝動を持つ者との関係を、いったいどのように考えていたのでしょうか。かれの序文は、それに明確に応えているようではありません。わたしに知りたいという気持ちを起こさせるのはじつはそのことなのですが。

ヴァニェッティの絵の右下方、床の上に、一本の釘がころがっています。太い釘です。それを見て、わたしはメモにこう書かずにはいられませんでした。

「その釘と同じものが、まもなくかれの足と手を貫くことになるのだ。もしかしたら、イエスは自分で自分の十字架を作ろうとしているところなのではあるまいか」

いまこの手紙を書きながら、「イエス」という名前とともに、わたしはこの画家の名前をもそこに重ね合わせるべきではなかろうか、という思いに誘われます。あるいは、それは画家自身の胸のなかにも湧き起こって来た欲求だったかもしれません。画家は、イエスの足の下に踏み締められた角材の上に、かろうじて一つの銘を書きつけたのでありました。

画面のなかに聖句を書き入れるのは、あたかも中世の画家の流儀を思い出させるかのようです。しかし、それは宗教の働きを現代における社会的な意味の観点から問題にしようとするきびしい批評家の目にとっては、もはや許容し得ない過去の習慣にすぎなかったのです。

画家は作品のなかに「信仰への最後の意志を書き入れる」ことに賛成を得られないまま、この世を去らなくてはなりませんでした。芸術家として批評家の勧告にしたがうことによって、人間としての自分の現在の差し迫った願望を断念したことになるわけです。

芸術の次元では、批評家のきびしい措置がこの作品をより優れたものにしたことはまずまちがいないでしょう。しかし、「より優れたもの」とはいったいどういう意味なのでしょうか。それは、この場合、現代のわれわれの内面の要請にいっそう応答可能なものということでしょう。「一粒の麦もし死なずば……」という言葉が、いまふとわたしの胸のうちに浮かんできます。

とにかく、この美術館を始めたロッシの運動家としての確信の根底は、けっして揺らぐことがなかったように見えます。しかし、そうだとしても、その確信の意味がわたしにはまだ理解しきれたという感じがしないのです。

現代世界において、キリストの存在の意味を伝えるのに重要な役割を果たすことができるのは、宗教的なものの芸術的な表現を通じてであるというのが、ロッシの確信だったのでしょうか。それとも、芸術によって表現された宗教的なものによる、ということが肝要なのでしょうか。

両者はしょせん同じことを意味するようでもありますが、また別のことを意味しているようでもあります。かならずしも美の巡礼をしているわけではない、かといって信仰者でもないわたしには、両者が同じなのか、それとも微妙にちがうのか、そこがうまくつかめないので、いらだたしさともどかしさが入り交じったような感じがありました。

そこで、そのことをもう少し考えてみようと思い、この美術館を見た翌日、わたしはふたたび聖ダミアーノ教会に行ってみることにしました。それがつまり一昨日のことです。

十字架像のリアリズムが、芸術的なもの以外のところで、わたしのなかのなにかを揺り動かしたことを掘り下げられたら、ロッシの考え方を自分のなかでもっと明確なものにすることができるかもしれないと思われたのです。

ところが、この日、わたしの目は、この前見なかったものを見ました。午後の参観時刻は二時からですが、少し早く着きすぎたので、半時間ほど庭で待たなければなりませんでした。そのあいだ、回廊になった庭のなかで、わたしは聖母子像が描かれたフレスコ壁画を見ていました。

前回わたしが見なかった（もしくは見えなかった）ものが目に入ったのは、ちょうどそのときです。壁の一隅が祠のように囲いがしてあって、凹型になっていました。聖母子像はその正面の壁面に描かれていました。フランチェスコとキアラの姿も並んで描かれています。

このフレスコは十四世紀なかばのアシジの画工の手になるもので、先日いちど見ているのです。しかし、この壁画に向かって右側の壁の囲いの内側に、小さな石板が取りつけられているのに気がついたのは二度目のときです。その表面に刻まれたイタリア語の意味が判読できたとき、またしてもわたしの胸のなかをなにか鋭く切り裂くようによぎるものがありました。

二時になり、わたしはイエスの木彫り像とふたたび相まみえました。茨の冠が、先日以上になまなましくわたしに迫って来ました。それがこの前も印象に残ったことは事実です。このように凄まじい冠を被ったイエスを自分は見たことがない、とそのときも思ったのです。

しかし、こんどは、見れば見るほど、たんに茨を編んだものとは思えなくなりました。――まるで有刺鉄線をぐるぐる巻きにしたもののようだ。イエスの頭からそれを取り外してまっすぐに延ばしたら、優に百メートルにもなるだろう。脱走しようとしてつかまった囚人が、見せしめのためにそんなものを被せられて処刑されたかのようだ。

そんなふうにわたしの連想は動いて行きました。いましがた、数日前に訪れたときには目に入らなかったものを見たことによって、わたしの胸のなかには激しい感情が引き起こされていました。

小さな石板の表面に彫り込まれていた文字とは次のようなものでした。

Alle vittime di tutti i campi di concentoramento.

おそらくは、ナチの絶滅収容所で亡くなったすべての犠牲者のために、というような意味に解して差支えないでありましょう。

石板の右下には日付が(ローマ数字で)一九五二年と書いてありました。第二次大戦終了からまださほど年月がたっていないことからしても、そのプレートはナチの強制絶滅収容所で亡くなったユダヤ人犠牲者への哀悼の意思を込めて、五〇年代の初めにここに掲げられたものにちがいありません。

しかし、あらかじめそのことを知っている人ならば別ですが、ここを訪れる人々の多くは、そのプレートの存在にさえ気づくことはほとんどないのではないでしょうか。

祠の前には鉄柵が張られており、祠は奥まって凹型になっています。しかも凹の両腕の部分がさらに内側に向かって二十センチばかり張り出しているのです。鉄柵が張ってあるのは、心ない人々の落書きや破損から壁画を保護するためでしょう。囲いは、外気にむき出しとなっている壁画が、少しでも風雨にさらされないようにするための措置でしょう。

しかし、そのおかげで、正面の位置に立って真っ直ぐ絵を眺め上げる人は、そのまま首を右に向けたとしても、せいぜいプレートの三分の二しか目にすることはできないのです。

絵に向かっていちばん左側の端に立ち、たまたま右側の壁のほうに首をかたむけた人だけが、そこに取り付けられた小さな石の板を目にすることができるのです。イタリア語が読める人には、たちどころに意味を察することができるとしても、プレートの文字を全部読むことまではおぼつかないでしょう。ローマ数字で書かれた年号も柵の陰になっていて、完全には読めないのです。もしも書かれた文字と年号をすっかり読み取ろうと思うならば、いくらかの努力が必要になります。わたしの場合はざっと次のような具合でした。

まず、鉄柵に飛びつかなければなりません。そして、下部のバーに足をかけてからだの重みを支えながら、上半身と顔を柵の内側に突き入れなければならないのです。

わたしは、壁画を損傷しようとする不心得者と誤解されはしないかといくぶんおそれながら、われながらみっともないその姿勢をあえて取ることで、かろうじてプレートの文字を読むことができました。そうやって鉄の柵にしがみついたとき、わたしの脳裡を、収容所の鉄条網を越えようとして射殺された人々の写真の記憶が、一瞬かすめたようでもありました。

ですから、このあとチャペルに入り、十字架像を見上げたとき、イエスの頭に幾重にも巻きついた異常な量の茨のイメージが、グルグルに巻き上げられた有刺鉄線をわたしに思い起こさせたとしても、それはむしろ自然な連想だったと言うべきかもしれません。

イエスのからだじゅうにおびただしく見られる傷の痕にしても、わたしはそれをあたかも銃殺された人のようだと先日感じたのでありましたが、あらためていっそうその印象を強めないわけにはいかなかったのでした。現代におけるキリストの思想の意味、そしてそれを美術または芸術によって表現することの意味……。

前日、現代美術館で見たヴァニェッティとキリコの作品(それにルオーのミゼレーレ)へとわたしの思いは及んで行きました。また、同美術館にたとえばシャガールの作品がもしも混じっていたとしても、少しも不思議はないだろうと考えたりもしました。事実、わたしの脳裡には、シャガールの絵が何枚も現われては消え、現われては消えしましたが、同時にかれが、強制収容所でユダヤ人たちが描いた作品の展示会のために書いた献辞の一節を思い出してもいました。

それは、イスラエルの博物館で行われた『ホロコーストの犠牲になったユダヤ人画家たち展』のカタログに寄せられたものです。

あたかも詩のように書き綴られたそれらの言葉を、わたしは司修の『戦争と美術』(岩波新書)という本で読みましたが、その一部を手帳に書き留めておきました。

わたしは、無辜の罪を犯した者だ。
彼らはわたしに問う。「おまえはどこにいたのだ?」
……わたしは逃げていました……
彼らはあの死の浴室へ連れて行かれ

自分たちの汗を味わった。
彼らが不意に、まだ描かれていない自分たちの絵画の光を見たのは、
そのときだった。
（中略）
わたしには見える
今、彼らはぼろをまといて、裸足で、
沈黙の道を、足を引きずりながらのろのろと歩いているのだ。
イスラエルの兄弟たちの、ピサロの、そして
モディリアニの……わたしたちの兄弟たちは……ロープに導かれ、
デューラーの、クラナッハの、
そしてホルバインの息子たちに導かれた……
あの焼却炉の中の死へと導かれていった。
どうすれば、わたしは涙を流すことができるだろう。
涙を流すには、どうすればいいのだ？
彼らが塩漬けにされてから、
長い年月が経った……わたしの目からこぼれた塩に……
彼らはあざけりとともに乾燥され、だからわたしは

最後の希望を捨てるべきなのだろう。
嘆き悲しむにはどうすればいいのだ？
わたしの屋根から、最後の屋根板がはがされている音が、
毎日、聞こえてくるのに。

シャガールは、第二次大戦が起こるとすぐアメリカにわたりましたが、戦後一九四七年にパリに戻りました。そのシャガールに向かって「彼ら」が問うのです。

「おまえはどこにいたのだ？」

この問いは、鋭い痛みをもってシャガールの胸をえぐり続けました。なぜなら、問いの主は「彼ら」であっても、言葉にならない声は芸術家の内部から聞こえてくるものだったからです。

わたしはシャガールの絵に出てくるロバや恋人たちやそのほかの人々や生き物の目が、強制収容所で殺された子供たちの目に似ているような気がしてなりません。かれの描く幻想のイメージのなかには、いつも「嘆き悲しむにはどうすればいいのだ？」という刺すような自分への問いが込められているかのようです。

ピサロ、モディリアニ、デューラー、クラナッハ、そしてホルバインの息子たちに導かれて死の部屋に連れて行かれた兄弟たち、とシャガールは言います。これは、現代に投げかけられた芸術の存在理由を問う問いにほかならないのではないでしょうか。わたしは、穴蔵のようなチャペルから

突き飛ばされるようにして表に出て来ました。そのあと、オリーブと糸杉が立ち並ぶのどかな坂道を登りながら、聖ダミアーノのイエス像の上に、なおもさまざまな連想を重ねないではいられませんでした。

そのイエスのイメージは、ロッシが「ヴァニエッティの絵を見ると、いつもわたしは激しい感情に揺さぶられずにはいられなくなる」と書いたように、わたしの胸のなかにも激しい感情を引き起こしたまま、今日にいたってもまだぶんぶんうなり続けています。

（『月水金』第一八号、一九九三年三月）

第五章　矛盾のなかを行く　有島武郎の「二つの道」

二つの道がある。
一つは赤く、一つは青い。
すべての人が行く。
その上を。
いろいろの仕方で。
ある者はまっしぐらに走っている。
赤い道を。
ある者はおもむろに進んで行く。
青い道を。
またある者は
欲ばって歩いている。
二つの道に二股かけて。

さらにある者は
二つの道の分かれ目に立ち止まり、
行く手を見守っている。
固唾を呑んで。
その場に突っ立っている。
呆然として。

一つの道を行く人が
他の道に出遭う。
交叉点にぶつかる。
そのとき人は身がまえる。
われわれには分かる。
その人が、
もはや自分はこれより一歩も動くまい、
と決めていることが。
まだ前にも進めるし、
引き返すことだってできようものを。

われわれには分かる。
矛盾を前にしたその人が
余力がありながら
努力に価値を認めていないということが。

余力がありながらそれを用いないのは
努力ではない。
余力がありながら歩き続けないのは
道ではない。
人間の過去は消えてなくなるのだ。
その人が矛盾を怖れ
足を止めるその場所で。
努力を止めるそのときに。
人間にあっては
矛盾こそ本来の立場なのだ。
怖れてはならない。
恥じてはならない。

矛盾におののき
矛盾を喜び
矛盾に生きることを。
努力して矛盾のなかを行く。
これが自ら選んだ
人間本来の道ではないか。
自己を生かし、
自己を見出すための。

付記その一

有島武郎のエッセイ「二つの道」および「も一度『二つの道』に就て」は、『惜しみなく愛は奪う――有島武郎評論集』(新潮文庫、二〇〇〇年)に収録されている。一九一〇年(明治四十三年)五月および八月の『白樺』に掲載された。この二つのエッセイから、右に掲出の文言を抽出した。かならずしも原文そのままでないのは、年来座右の銘として読み返すうち、いつのまにかわたしのなかでこういうかたちになってしまったためである。

当時、文学者たちは、指針となるべき理想をさがしあぐねていた。いわゆる自然主義論争にも象徴されるように、日露戦争後の思想状況は、目標を見失って混沌としていた。おりしも、同年六月

郵　便　は　が　き

料金受取人払

麹町局承認

6889

差出有効期間
平成29年2月
28日まで
(切手不要)

102 - 8790

108

(受取人)
東京都千代田区富士見 2-2-2
東京三和ビル

彩流社　行

●ご購入、誠に有難うございました。今後の出版の参考とさせていただきますので、裏面のアンケートと合わせご記入のうえ、ご投函ください。なおご記入いただいた個人情報は、商品・出版案内の送付以外に許可なく使用することはいたしません。

◎お名前《フリガナ》　性別　男 女　生年　年

◎ご住所　都道府県　市区町村

〒　TEL　FAX

◎ E-mail

◎ご職業　1. 学生（小・中・高・大・専）2. 教職員（小・中・高・大・専）
3. マスコミ 4. 会社員（営業・技術・事務）5. 会社経営 6. 公務員
7. 研究職・自由業 8. 自営業 9. 農林漁業 10. 主婦
11. その他（　　　　　　　　　　　　　　　　　　　　　　　　）

◎ご購読の新聞・雑誌等

◎ご購入書店　書店　都道府県　市区町村

愛　読　者　カ　ー　ド

●お求めの本のタイトル

●お求めの動機　1. 新聞・雑誌などの広告を見て（掲載紙誌名→　　　　　　　　　）
2. 書評を読んで（掲載紙誌名→　　　　　　　　　）3. 書店で実物を見て　4. 人に薦められて
5. ダイレクト・メールを読んで　6. ホームページなどを見て（サイト名ほか情報源→
　　　　　　　　）7. その他（　　　　　　　　　　　　　　　　　　　　　　　　　）

●本書についてのご感想　内容・造本ほか、弊社書籍へのご意見・ご要望など、ご自由にお書きください。（弊社ホームページからはご意見・ご要望のほか、検索・ご注文も可能ですのでぜひご覧ください→　http://www.sairyusha.co.jp.）

●ご記入いただいたご感想は「読者の意見」として、匿名で紹介することがあります

●書籍をご注文の際はお近くの書店よりご注文ください。
お近くに便利な書店がない場合は、直接弊社ウェブサイト・連絡先からご注文頂いても結構です。

弊社にご注文を頂いた場合には、郵便振替用紙を同封いたしますので商品到着後、郵便局にて代金を一週間以内にお支払いください。その際 400 円の送料を申し受けております。

5000 円以上お買い上げ頂いた場合は、弊社にて送料負担いたします。

また､代金引換を希望される方には送料とは別に手数料300円を申し受けております。

ＵＲＬ：www.sairyusha.co.jp
電話番号：03-3234-5931　ＦＡＸ番号：03-3234-5932
メールアドレス：sairyusha@sairyusha.co.jp

三日、無政府主義者・幸徳秋水らの捕縛が報じられた。翌年、秋水ら十二名が死刑に処せられた。大逆事件としてのちに知られる。石川啄木の『時代閉塞の現状』が書かれたのもこのころだ。まさに、時代は急速に「閉塞」しかかっていた。

「努力」という言葉が『二つの道』に現われる。それが、幸田露伴の『努力論』をわたしに想起させる。当時、露伴もまた「努力」を問題にした人だった。

時代が閉塞しかかるとき、人間はどのように「努力」するのか。

「努力を忘れて努力する、それが真のよいものである。しかしその境に至るには愛か捨かを体得せねばならぬ」と露伴は言った。

愛か捨か。愛は与えること、捨は擲つことである。自分をなげうってでも他者に与える。それが愛というものだ。露伴の根底にその考えがある。それは伝習どおり、習俗どおりの考えである。

武郎はその習俗伝習の考えに叛逆した。愛と捨とは対立し、矛盾する。むしろその矛盾の激化に、人は渾身の努力を尽くさねばならぬ。なぜなら、対立と矛盾の契機は、近代人の自覚にあるからだ。愛は与えるものでない。かえって奪うものだ。それが武郎の有名な『惜しみなく愛は奪う』である。

略奪のための略奪ではない。やむにやまれぬ人間の欲求から奪うのだ。世界に向かって自己を開け放ち、歴史のなかで自己を燃焼し尽くしたい、という近代の人間に自覚された本能から、奪うのだ。

したがって、努力する人間の本能に抑圧が加えられるとき、その欲求は、抑圧に対する叛逆を秘めざるを得ない。

ところが抑圧は、習俗伝習のかたちを取ってわれわれを日々馴致しにかかる。われわれの生活に狡猾に侵入し、無意識へと執拗にはびころうとする。

こういうときこそ、警戒しなくてはならない。「努力を忘れて努力する」道を。それは矛盾の自覚を伴わぬ道であるから。努力の目的を意識して問わぬ道であるから。自己滅却とみまがう危うい道であるから。かつての「滅私奉公」への道につながりかねない無自覚な忘却の道であるから。

自覚しようがしまいが、分極する二つの道が、ふたたび現代に現われかけているのだ。一つは赤く、一つは青い。多くの人々が、二つの道の分かれ目に立ち止まり、行く手を見守っている。固唾を呑んで、あるいは呆然として、かれらは突っ立っている。

だが、有島武郎が言ったように、われわれはあくまで、自己が自己であることを見失わぬような道を求めて努力しよう。その努力は、自己の目的を問いなおしながら歩く記憶の道である。それゆえ、矛盾を自覚しながら行く苦難の道である。

しかし、矛盾を怖れて足を止めてはならない。足を止めれば、われわれの過去もまたその場で掻き消えてしまう。

矛盾の自覚を喜びながら努力する。その努力のなかに現われるのだ、自己が自己によって新たに見いだされ、自己と他者とが確かに結び合うことのできる、歴史の道が。

付記その二

昨年（二〇一四年）の十一月初旬、数日間だけだったが晩秋の北海道にわたしは旅をし、ニセコの有島記念館を訪れた。途中マッカリヌプリのごく近くを通った。

羊蹄山とも蝦夷富士とも、また古くはシリベシ山とも呼ばれたマッカリヌプリは標高一八九八メートル。秋深いというよりはすでに冬の衣をまとった中腹から上は、厚い霧におおわれたままで、全容をうかがうことはできなかった。だが、その分厚い霧をとおして見えるごつごつとした裾野だけからでさえ、なにか侵しがたい威厳のようなものがひしひしと感じられるのだった。わたしの前に「二つの道」が忽然と姿を現わすような気がした。

第六章　ソールズベリ大聖堂の青い窓　雄鶏とペテロ

イギリスのソールズベリ大聖堂に、濃い青を基調としたステンドグラスの嵌め込まれた窓がある。際立ったその色調から、正式名称は別にあるものの、一般にはブルー・ウィンドウとして親しまれている。「青の窓」というわけであるが、それを初めてわたしが目にしたのは一九九一年の秋のことだった。前もってその窓の存在を知っていたのではないから、わたしにしてみれば思いがけない邂逅だったと言っても差し支えない。

この彩色窓は制作されたのが比較的新しい。一九七〇年代の末、フランスから招聘された工芸職人の父子によって制作され、聖堂の東の窓に嵌め込まれたのである。

十メートル以上もある縦長の大きな窓を中心にして、やや背の低い窓が左右に二つずつ並ぶ。全部で五つからなっている。中央に十字架に架けられたイエス像が描かれている。つまり構図は伝統的なものだ。そのかぎりで、さして珍しい図柄とは言えない。

だが異様なのは、青地のガラスにほとんど隙間もなくびっしりと描かれている人間の顔である。イエスの処刑を見に集まった群衆だろうか、と最初わたしは思った。それにしてはかれらの顔は一様に憂いを含んでいるようだ。ではこれらの人々は、イエスの受難を嘆いているのであろうか。あとで知ったが、いずれもちがった。これらの人々の多くは、政治的な理由から体制に反対し、そのため圧迫を受けている人々なのだった。かれらが「良心の囚われ人」と呼ばれること、それゆえこの窓を正式には「良心の囚われ人の窓」と呼ぶことも、あとからわたしは知った。

自らの政治的信条を表明したために迫害を受ける人々が、現在も世界いたるところに存在する。それらの人々とともにイエスはある。なぜならイエスこそ「良心の囚われ人」の典型的な一人にほかならないからだ、と解説に書かれている。

ブルー・ウィンドウをわたしが見たとき、下方左手の目立たない一隅に、厚紙で裏張りをした一枚のポスターが掲げられていた。それにアフリカ系とおぼしい男性の顔写真が刷り込まれていた。目を凝らすと、「アムネスティ・インターナショナル」という文字が読まれた。したがって、そこにそのようなポスターが掲げられることは、ブルー・ウィンドウの制作を企画したソールズベリ大聖堂参事会の明瞭な意図を反映しているはずであった。

しかしじつを言えば、わたしにいちばん印象的でもあり、胸にも応えたのは、「良心の囚われ人」の存在そのものというわけではかならずしもなかった。

向かって左から二番目の窓の上のほうに、左横向きになった大きな鶏の図が描かれていた。雄鶏である。その尾のほう、つまり右手に、やや離れて一人の男の顔が見える。

小さくてはっきりと分からないが、どうやら雄鶏に視線を投げている。とすれば、あれはペテロではなかろうか。いや、どうしてもペテロにちがいない。鶏鳴を聞く前に三度も師を否認することになる、と予言されたとおりにふるまったあの男にちがいない。雄鶏はいままさに時をつくったところなのであろう。そして、その瞬間、自分がいったいなにものであるかをその男は思い知らされたのだ。

そう思い当たったとたん、にわかに激しい動悸がし出して、わたしは息が苦しくなった。内部から心臓の周りを絞り上げられるようなつらさだ。心不全の発作かと一瞬思った。だが、前にもこういうことがあった。腰を下ろして少し休めばじきにおさまる。なにしろ、その場からすみやかに退出することをわたしにためらわせるものがあった。その男をもっとよく見たいと思わずにはいられなかったのである。

動悸が沈静するのを待ち、そろそろと立ち上がった。図の位置が高い。描かれた男の顔が小さい。しかも晩秋の午後のことゆえ、すでに太陽はかたむきかかっていた。外から差し込む陽射しがいかにも弱々しい。立っている位置を変えてみたり、手をかざしてみたり、いつしかわたしはブルー・ウィンドウの前をせわしなく動き回っていた。だが、男の表情をしかと見定めるのはどうしても無理なようであった。結局、そのまま立ち去るほかはなかった。

帰国後もこのことが妙に尾を引いた。そのときのわたしの身辺の状況とたぶん関わりがあったからだが、いまはそれに触れないでおく。とにかく、表情をついにうかがわせなかったあの男のことが、わたしは忘れられなかったのである。

そこで、このときから五カ月後、勤務先から機会を与えられたのをさいわい、ふたたびわたしはソールズベリにおもむき、ブルー・ウィンドウの前に立った。前回は秋だったが、こんどは春であった。この中世の静かな町に愛着を覚えたということもある。かれこれ一か月ほども滞在したろうか。そのあいだ、なんどこの聖堂におもむいたことだろう。

胸倉をつかまれて、自分のなかのなにかが絞り上げられるような気がした最初のあの激しい感情は、もはやわたしに湧いてこなかった。ペテロの表情にしても、あらためて朝の光のなかでそれをまじまじと見たが、ことさら特徴的とも思われなかった。師を見捨て、保身に奔った男にしては、全然印象的でないと言いたい気がした。保身の徒はかくも凡庸な顔立ちをしているものなのか。

それにもかかわらず、ソールズベリに滞在の日数を重ねた。そして大聖堂を頻繁に訪れるのをやめなかった。聖堂のなかに入って青い窓の前に佇立した。それはどうしてだったろう。むろんそのとき自覚がなかったわけではない。だが、自分の意識の内部にまではっきりと自覚が届いたのは、しばらくあとになってからだ。いまはしかと思い当たる。わたしの生涯の主題となるべきものが、そこに顕われていたのだった。

事実、さまざまな人間類型のうちで、ペテロこそ「内部の動機」をわたしに気づかせた存在だったと言わねばならない。なぜなら、それ以来現在にいたるも、わたしが興味関心を最も顕著にいだいているのは、なによりもペテロ的人物像にほかならないのであるから。

これまでに、ささやかな文章をわたしはいくつか書いたが、それらをつなぎ合わせる目に見えない「主題」があるとすれば、それは人間における「ペテロ的なるもの」との対峙ということになるだろう。

そのわたしにとうてい信じがたいのは、たとえばスーザン・ソンタグのような作家である。ソンタグならば、世界および人間と向き合うのに、「内部」も「わたし」も必要ないと言ったであろう。実際、なるべく自分のことは考えないとソンタグは言った。自分の内部をくぐらせることなしに、世界の現実に真剣な関心を持つ能力が自分にはあるという自負をすら彼女は表明した。

驚くべきことだ。わたしにとってはっきりしていることは、自分の内部をくぐらせることなしに、世界の現実に真剣な関心を持つ能力など自分にないということである。

自分の外部の突き詰めと自分の内部の突き詰めとは、ほとんど等価の関係にある。両者を切り離すことはできないし、どちらかいっぽうでもあり得ない。情熱の対象は二つで一つなのである。自分の人間的力量が卑小であるという理由にそれはよる、と言ってしまうのはいささか露悪趣味であろう。部分的に事実かもしれぬがそればかりではないと思うからだ。

いっぽうに「良心の囚われ人」が無数に存在し、他方に「ペテロ的人間」がさらに無数に存在する、という現実がこの世にある。それどころか、それが現代という世界の本質を映し出すありのままのすがたではなかろうか。とすればその事実からかたときも目をそらさないことが、わたしの実存にとっても、わたしの文学的関心にとっても、ますます中軸とならねばならないのである。

第七章　祭司エテロの娘　ラスキンとプルースト

さきごろ、わたしは金山嘉城という人の短編小説集『ボッティチェリの絵』(北日本新聞社、一九九七年)を読んだ。本を手に取って表紙を見たとき、わたしはあっと声を上げそうになった。カヴァー挿画にボッティチェリのチッポラ(ツィポラ)像が用いられていたからだ。といっても、その絵にあまり馴染みがないという人もおられよう。わたしはこれからその絵をめぐるささやかな思い出を、その絵を知ることになった旅の思い出とともに書くつもりである。まず金山氏の小説から話を始めることにする。

作者である金山氏自身とおぼしい「私」が、退職して激務から解放されたのを機に、かねてより所蔵のマルセル・プルースト作大長編小説『失われた時を求めて』を再読してみようと思い立つ。むかしいちど読んだときに気になりながら、放ったままにした箇所があったことが、「私」の記憶によみがえる。それは小説の第一編第二部「スワンの恋」で、主人公の仕事机の上に置かれていた一枚の小さな複製画にまつわるくだりであった。一人の少女の姿が描かれていた。それがボッティチェリのチッポラの像であった。

プルーストの主人公は年来その絵姿を偏愛してきた。ある夜会でオデットという女性に出会い、恋に落ちた。というのも、首をかしげたオデットの横顔が、ボッティチェリの描く至純の処女を思わせたからにほかならなかった。

ところが現実の恋人は正反対であった。娼婦的にして虚言癖を持つ女であった。主人公は、チッポラの清純さを自らの観念のなかでいっそう強くとらえ直すことによって、現実の恋に翻弄される自分の惨めなありさまをかろうじて正当化しようとする。現実の女に惑乱を余儀なくされるいっぽうで、チッポラの複製画を、あたかもオデットの写真でもあるかのように、うっとりと眺めるのである。のちにかれはオデットを妻とするのだが……。

社交界の寵児をもって任ずる主人公の哀れにも滑稽を演じるはめとなる切なさ、やるせなさ、みじめさ。それを作者は比類ない観察力とアイロニーとをもって克明に描き出している。

では、ボッティチェリ描くチッポラとはいったいどんな娘だったのであろうか。

彼女は出エジプト記に登場する祭司エテロの娘であった。のちにモーセの妻となる人である。システィナ礼拝堂のボッティチェリの手になる壁画はモーセの生涯を描いている。そのなかにチッポラの娘時代の姿が描かれているのである。そこまでは金山氏の小説の「私」にも分かっていた。だが、実際に一連の壁画のどこにチッポラが描かれているかは、市販のボッティチェリ画集を覗いたところで容易に分かるものではない。そこで「私」は美術史に詳しい知人に教えを乞う。また、システィナ礼拝堂を訪れたことがある息子をつかまえて聞き出そうとする。こうしてついに、くだんの絵を突きとめることに成功する。そこに描かれていたのは、「どこにも焦点を結んでいない自らの内部を見つめている目が、私に訴えかけてくる」と「私」に感じられるような少女の像なのであった。

いっぽう、プルーストに目を転じてみると、さらに次のような疑問がわれわれに湧いてくる。主人公はどうしてシスティナ礼拝堂の壁画の細部のなかから、チッポラを見出すことができたのであろうか。

ここからわたしが語ることは金山嘉城氏の小説から離れることになる。代わりに、わたし自身の旅の思い出と結びついた話になる。

プルーストとの関わりでボッティチェリのチッポラに話を絞ろうとするとき、けっして逸することができない人物がいる。それはジョン・ラスキンである。プルーストは若いころラスキンに心酔した。『胡麻と百合』などの仏訳を試みている。とくに、ラスキンの死の直後に書かれたプルーストの文章は感動的で忘れがたいものだ。

むろん、それだけではまだチッポラに話はつながらない。ただ、それを語ろうとすると、わたしは個人的に記憶をさかのぼる必要があるのである。

一九九二年初夏、六月二十二日のことであった。イギリスを旅していたわたしは、湖水地方にある小湖コニストンの湖畔に建つラスキン旧居を訪れた。わたしには同行者があった。その日はその人の誕生日であった。

ラスキンホームに着いて、部屋から部屋へと見てゆくうちに、一人の少女の像がわれわれの目に入った。ラスキンによるボッティチェリ絵の模写であった。幼なさの残る少女の可憐な立ち姿に二人とも魅了され、しばらくその絵の前に立ちつくした。このときわれわれはまだ原画を見ていなかったが、それにもかかわらず、「どこにも焦点を結んでいない自らの内面を見つめている目が、私に訴えかけてくる」かのように思われた。模写でありながら、それは原画にたんに似せて描かれたというようなものでないことは、その後調べて分かった次のような事情からも明らかであった。

ラスキンは一八七四年五月、ローマに滞在していた。五月五日から正味二週間、システィナ礼拝堂に通いつめている。チッポラの姿を写し取るためであった。それだけの日数をかけて、ラスキンにその作業を強いたものはなんだったのか。

それに答えるためには、旧居でわれわれが目にしたもう一枚の絵について語らなくてはならない。それは若い女性の美しい横顔の素描であった。モデルになった人の名前はローズ・ラ・トゥーシュと言った。ラスキンはその女性を深く愛した。左を向いてややうつむき、いわゆる伏し目がちの表情をした少女はあえかな気品を湛え、この世の人とも思えなかった。事実、ローズはいわゆる蒲柳の質であって、その神経もまた繊細すぎるほどであった。ラスキンは少女時代のローズの家庭教師を務めたことがあった。その少女がラスキンの心を深くとらえたのである。ローズもまたラスキンに想いを寄せた。

ラスキンは結婚を申し込んだ。だが二人の年齢差とラスキンの離婚歴に不信感をいだいたローズの両親の強い反対に遭い、彼女は長年かれを避け続けるよう仕向けられた。そのためラスキンは身を揉みしだかれるような苦悩の歳月を送らなくてはならなかった。ローズもまた同じであった。とかく病気がちの日々をローズが送ることになったのも、ラスキンとの別離がローズを苦しめたことと無関係ではないであろう。

いずれにせよ、チッポラの模写に取りかかった日の翌日、ローズの病状について問い合わせる手紙を書いたことがラスキンの日記に記されている。したがってラスキンは、模写の作業にローズの病気快癒の祈願を込めたかもしれない。少なくともそのように推測することは十分に根拠のあることであろう。

同じ年の秋、ローズはようやく再会に応じた。ローズの横顔の絵はその再会のおりに描かれたのである。

だが、翌七五年五月二十六日、すなわちチッポラの模写が完成してからほぼ一年後、ローズはこの世を去った。享年二十六歳であった。

素描のなかのローズの愁いを帯びた美しさはわれわれにこの世のものとも思えなかったが、おそらくそれは、自らのはかなさを悟った人の諦念を湛えた美しさだったのである。

そのときわたしに同行した人とふたたび申し合わせて、システィナ礼拝堂の壁画を見るために二人でローマに出かけたのは、四年後の冬のことだった。記録的な極寒の年、一九九六年の暮れである。

世界のいたるところからこの礼拝堂を訪れたあまたの人々が、天井に描かれたアダムに命が吹き込まれる瞬間を見上げていた。さもなければ正面の壁に描かれた最後の審判の場面を見ていた。側面の壁の一角に目を凝らしていたのはわれわれだけであった。そこには二人の若い女性が描かれていた。その一人がチッポラであったことは言うまでもない。われわれはまるで周囲の視線に逆らう異端者のようだった。

（『月刊百科』第四三三号、一九九八年十一月）

第八章　光の記憶を探して　セガンティーニとリルケ

光の記憶を探して旅をする。
異なる土地に出かけ、夜空を見上げる。
土地の香りを胸に孕みながら。
それが旅する日々の努めなのだ。
二〇〇五年の一月初め、
スイス南東部グラウビュンデンをわたしは旅していた。
オーバーエンガディン地方、サン・モリッツの町はずれ、
一軒の宿でのことだった。
未明に起き出し、
片側観音びらきの窓を押し開けると、
澄みきった大気が肌を刺すようだった。
暗い空を見上げると、

大きな星がいくつも眺められた。
どれほどたったころだろう。
星の一つが剥がれて、すうっと滑り出した。
あっというまに山の向こうに消えてしまった。
その山はシャーフベルクといって、
サン・モリッツのどこからでも全容が望まれる。
わたしは一人の画家に思いを馳せた。
画家の名はジョヴァンニ・セガンティーニ。
一八九九年九月の末、その山で亡くなった。
山を愛し、山に魅入られ、山に果てた。
サン・モリッツからほど近いマローヤ村に残る
画家の旧居に隣接したアトリエで、
壁に掲げられた一枚の写真をわたしは目にした。
画家が家族とともに撮ったその写真には、
頼りがいがあって、堂々とした父親の風貌が写っている。
貧乏なんか問題じゃない。くよくよするな。
そう言わないばかりの強いつらがまえである。

髭もじゃの頼もしいいつらがまえである。

ジョヴァンニ・セガンティーニは、
家族思いのよき父親、よき夫として知られた画家だった。
とはいえ、もしもこの画家が、
家族のもとにあるというだけで充足する人だったならば、
九月なかばのアルプスに登って、
寒風に身をさらし続ける必要もなかったのだろう。
すでに成功した画家だったのだから。
ヨーロッパの市場に作品を仲介してくれる画商が、
かれの絵を気に入ってくれていたのだから。
だが気がかりなのは、そのまなざしである。
そこにいながら、まるで
画家の心はもはやここにあらず、
いや、現世にさえないかのようなのだ。
そのまなざしは山を見ているのだ、と人は言う。
だが、そうだろうか、とわたしは思う。

画家は山の上に懸かった星を見ているのかもしれない。
そのまなざしは星を見る人間のまなざしだ。
たとい星が見えようと、見えまいと。
なぜなら星を見る人間とは、
見えない星を見る人間のことなのだから。
画家は忘れることができなかったのだ。
自分の故郷が地上にはないということを。

芸術家の魂にはさまざまな星がはめ込まれている。
だがかれの心の天空のどこかには、
脱落したか、盗まれたかした星が一つはあって、
そのために芸術家は、空虚の感覚から逃れられないのだ。
魂に空いたその場所はよく分からないのだが、
空虚はきっぱりと穴を開けている。
まるで先史時代の人々が暮らした洞窟の入口のように。
セガンティーニの孤独にも癒し得ないものがあったのだ。
それゆえ自らを駆り立てずにはいられなかった。

常人には無謀とも見えかねぬ苛酷な条件のもとで、
朝の五時に絵を描き始め、
日没まで絵筆を置かなかった。
九月もなかば、零下三度のシャーフベルク山中で、
目の前に大きなキャンヴァスを立て、
携帯懐炉でときどき手のひらをこすりながら、
画家は何日も何日も描き続けた。
こうしてさしもの強健な肉体も、
ついにくず折れたのだった。
急性腹膜炎に罹った画家は、
自力で山を降りることができなかった。
急を知った人々もただ手をこまねいた。
医師も駆けつけたが、もはや手におえなかった。
激痛にのたうち、生死の境をさまよって十日後、
とうとう山の上でこの世を去った。
画家が最後に残した言葉が伝えられている。
わたしの山が見たい、と一言だけ言ったそうだ。

事実そうつぶやいたのだろう。
だが、その言葉をわたしはこう解釈したいのだ、
わたしの星が見たい、という意味だったと。
画家のアトリエでわたしが目にしたもう一枚の写真には、
山から運び降ろされて行く遺骸が写っていた。
木立ちのあいだを、一つの担架が通って行く、
数人の人々に付き添われて。
さながら自ら描いたあの『死』の場面の続きのように。
このようにして一つの星が落ちたのだ。

画家は山の向こうに去って行った。
あっというまに姿を消してしまった。
それもまたきっぱりとした空虚ではないか。
そのときわたしは合点がいった。
わたしの魂のなかにも欠落したものがあって、
空を見上げないではいられないのだ。
だからこそ、異なる土地のもとで、

その土地の空気を胸に孕み、夜空を見上げるのだ。
おそらくサン・モリッツの暁闇、
空に懸かったあの星々もまた、
わたしに向かって語りかけていたのだろう。
おまえの孤独をきっぱりと引き受けよ、と。
現世に生きる人間は、
だれしも心に欠落をかかえて生きている。
生の充足を阻むなにか欠落したものを。
しかし芸術への感覚と素質を授かり、
たゆまぬ精進によって日々何者かであり続ける者は、
欠落の空しさを知りつつ、それに抗うことができる。
それゆえ画家の孤独は、
なかばは自分で選んだ孤独だが、
同時に宿命でもあったのだ。
わたしは窓に近寄りすぎていたので、
寒さのあまりわれに返った。
すでに空は明るくなっていた。

あれほど輝きを見せていた星の群れも、
あらかた姿を消してしまっていた。

無名であることに感謝し、
有名になることを警戒せよ、
と言ったのはライナー・マリア・リルケだった。
セガンティーニもその自戒を失わぬ芸術家であった。
遺作となった三部作『生』と『自然』と『死』とは、
もともとパリで開催される万国博覧会への出品を
念頭に置いて制作されたものだった。
だから画家に野心がなかったのではない。
むしろ自らの世俗的な野心こそが、
画家に自戒を促したろう。
それこそが自己の精神を、
深く凝視させる動機を画家に与えたろう。
だが、その精神の奥処において、
画家は依然として自らの孤独を見いだした。

なぜなら、そこに描かれたアルプスの山々は、
孤独に耐える精神によってのみ
そのように描かれ得たのだから。
自らの空虚や欠落に耐え、
実在のなにものかを創り出すことができるのは、
世俗におもねることのない芸術家だけなのだ。
それでこそ芸術家はわれわれに暗示し得る。
かくも沈黙に乏しい時代に生きる人間に、
生存を耐えさせるものがなんであるかを。
それは、山々が湛える気品と静謐と同一のものである。
セガンティーニが愛した風景の一つソーリオに、
いまなおそれを見ることができよう。
画家はその眺めを、『生』のなかに描いたのだった。

セガンティーニがこの世を去って二十年後、
一九一九年の六月のことだったが、
一人の詩人がオーバーエンガディンにやって来て、

ひと夏のあいだ、ソーリオ村に滞在した。
その詩人がリルケであった。
ソーリオは、サン・モリッツから南西へ車で小一時間、
北イタリアのコモ湖北端へと伸びて行く街道沿いの、
深い谷あいに位置する小さな村である。
時間の浸蝕から奇蹟のように守られた
その風景のなかに、あなたは見いだすだろう。
喧騒に満ちたわれわれの生活の中心から
もはや永久に失われた静謐さの原型的な雰囲気を。
時の非情さもここでは和らげられる。
時の移ろいがここでは緩慢になる。
といってそれは、取り残されたのではない。
置き去りにされたのでもない。
むしろ逆なのだ。
時もまた美を解するかのようである。
さもなくば、やはり奇蹟が生じたにちがいない。
静寂を忘れたこの時代に、

なにもかもが根底を失いつつあるこの時代に。
稀有のことが起こったのだ。
ためしに登ってみるといい。
村の上方の南に向いた斜面の中腹に。
そこに木のベンチが一つ置かれている。
しばらくそこに腰を下ろしてみるといい。
ベンチから眺められるのは、
渓谷をはさんで南に連なる山々の北側斜面である。
真冬というのにあなたに信じられるだろうか。
その穏やかさ、暖かさが。
長時間その場を動かないとしても、
あなたはまるで寒気を忘れている。
やがて斜面を登ってくる村人の姿が見えるだろう。
そしてあなたのかたわらに腰を下ろすだろう。
旅人であるあなたはすでに受け入れられている。
だから会釈をするだけでいい。
言葉を交わさなくたっていいのだ。

やがてあなたがその場を立ち去るとき、
はじめてあなたにそれと察せられるだろう。
傍らに座っていた人がだれであったかを。
穏やかな気品を湛えたその表情から。
だが、わたしは麓に降りるまで気づかなかった。
それは時の喧騒から身を隔てた沈黙だったのだ。

画家が大きな画架を据えたのも、
この景観のただなかだった。
自然を描くのに、
どれほどの尊敬を画家は払ったことだろう。
自然に対して。
静寂に対して。
セガンティーニの風景をじかに見る人は、
それを目の当たりにすることだろう。
そして言葉を失うだろう。
画家がいささかも「美化」を意図することなく、

ただ自然の魂を表現し得たことに感嘆して。
これほどまでにくっきりと
存在感を際立たせることができるものなのだ、
太陽の光に照らされたアルプスの山々が。
画家の感覚は透明になり、純化されて、
大地の背を照らし出す一つの光源と化したのだ。
二十年後にやって来た詩人もまた
自らの目で見いだしたことだろう。
時間から救い出された自分の風景を。
そのとき詩人はたぶん思い出したかもしれない、
自分が別の場所でこう書いたことを。
「芸術家、それは時間のなかに入ってきた永遠である。」
それゆえわたしもこう言おう。
流れる星、それは一瞬のなかを通りすぎる永遠である。
その存在は時間のなかに消滅して行くが、
光の記憶は残るのだ。
こうして画布に照らし出された風景は、

芸術だけがわれわれにもたらし得る
自然のなかの自然、
自然のなかの光である。
おそらくその光の記憶にほかなるまい、
のちの世のわたしという貧しい旅人の
心の道を照らすのは。

付記

ジョヴァンニ・セガンティーニ(一八五八―九九年)はイタリア出身の画家。二十八歳のとき、妻子五人とともにスイス南東部のオーバーエンガディンに移住し、終生アルプスを描き続けた。ジョヴァンニ・ジャコメッティらとともに、イタリア印象主義を押し進め、スーラやシスレーらフランス印象主義の点描法に対し、線描法による分割主義の表現技法を極限まで追及、ついに独自の境地を開拓した。

三部作『生』『自然』『死』のうち、『自然』を仕上げるため、一八九九年九月、アルプス山中シャーフベルクにて制作に従事。九月十八日、急性腹膜炎に罹り、下山できぬまま十日後の二十八日、他界。享年四十一歳だった。

未完とはいえ、同三部作は技法・精神ともに充実し、文字どおり画家の代表作となった。友人たちの尽力で散逸をまぬがれ、三部作は一九〇八年にサン・モリッツに創設されたセガンティーニ美術館に収められ、現在も常設展示されている。

美術館の位置から戸外を眺めると、眼下にサン・モリッツ湖が見えるが、湖をはさんで左方向（東）に視線を転じると、光り輝くような堂々たる山容が遠望される。それがシャーフベルク（標高二七三一メートル）である。

わたしはサン・モリッツのセガンティーニ美術館でかれの絵を見ながら、自然と芸術との深い交感ないし照応に、ただただ感動させられるほかなかった。セガンティーニの技法は感傷的なものや偶然的なものをことごとく排除し、たとえばセザンヌがそうであったように、技法に対して極度に自覚的である。描かれるアルプスは画家の宇宙観の主観的投影などではなく、そのままでアルプスであり、もう一つの「自然」なのである。それは自然から発せられる「光」の現前であり、それこそがセガンティーニの芸術が目ざしたものだった。

（明治大学文学部紀要『文芸研究』第九六号、二〇〇五年三月）

第九章　静寂　谷間の道を行く

その湖は島の西のはずれにあると聞いた。
島の名はスカイ島。
ヘブリディーズ群島の一つ。
スコットランド高地の北西に位置する。
ミスティ・アイルすなわち「霧の島」として知られる。
島の半分がいつも霧におおわれているからだ。
そして湖の名はロッホ・コルイスク。
クーリンの黒い岩山に囲まれる。
磁気が強く、磁石は役に立たない。
だからめったには人もそこを訪れない。

なぜだったろう、

その湖を見に行こう、
とわれわれが申し合わせたのは。
ひと言で答えよと言われれば、二人とも答えに窮したろう。
けれどもわれわれの決意はできていた。
言わず語らずのうちに。
あなたもまだ覚えていてくれると思う。
その湖を探しに行ったあの旅のことを。
もういちどわたしは語りたい。
われわれがあの湖で見たものについて。
もういちどわたしは自分に想起させたいのだ。
あなたがあのおり語った言葉を。

スカイ島に到着した日は雨だったが、
その日からかぞえて八日間、
一歩も動けぬ日々だった。
連日降りしきり、連日吹き荒れた。
九月の荒々しい雨と風が。

九日目、ようやく風が落ちた。
雨が上がり、太陽が現われた。
一日、われわれはとうとう歩み出したのだった、
長い谷間へ。
グレン・スリガカンへ。

歩きに歩き、ただ歩き続けた。
あなたもわたしも。
ひと言もわたしは口を利かなかった。
あなたもまた同じだった。
あまりにも果てしない道のり、
と思われたからだろうか。
あるいは、口を利けば方角を見失う、
というおそれがあったからだろうか。
それとも、磁気を帯びたあの谷間だったのか、
われわれに沈黙を強いたのは。

やがて前方に、一つの岩山が立ちふさがった。
そのかたちはうずくまった太古の生き物か、
化石と化した恐竜を思わせた。
高い山ではないが、草木一本生えていない。
われわれは顔を見合わせ、黙って登り始めた。
瓦礫が靴の下で音を立てた。
いまにも身じろぎをするのではないかと思われた、
安息を掻き乱されていらだった岩山が。
かの湖は、登りつめた尾根の向こうにあった。

断崖の縁にわれわれは立ち、
黒い湖面を眼下に見下ろした。
霧はなく、あたりは静まり返っていた。
人跡まれなこのような場所に、
その静寂はふさわしかったろう。
とはいえ、われわれの沈黙には畏れが混じった。
静けさばかりではなかったからだ、

われわれを畏れさせたのは。
周囲を取り囲むクーリンの山々だった、
われわれをたじろがせたのは。

細長い湖面の色は黒かった。
色濃く、色深かった。
みなぎる磁気のゆえか、
われわれが茫然とさせられたのは。
あらゆる物音が、
湖の底に吸い取られていた。
やがてまるで霧が湧き出したようだった。
おもむろに一つの疑いが兆したのだ。
それはわたしの胸にはびこった、邪念のように。
ここは、すでに失われた世界ではなかろうか。

あのときほどわれわれが、
互いを見つめ合ったことはなかったろう。

こう言えばあなたに迂闊さを叱られようが、
じつは初めてわたしは知ったのだ。
あなたのなかにも湖があったことを。
ようやくわたしは分かりかけた。
なぜこの湖を見たいと思い立ったのか。
でもすっかり合点がいったわけではなかった。
とにかく動機は内部にあったのだ。

話を続けよう。
あなたも覚えていてくれるだろうが、
あのときわたしに思い出された一人の哲学者があった。
そう、マックス・ピカートだ。
そのピカートがこう言っていた。
――そびえ立っている。
騒音のただなかに。
沈黙が。
あたかも太古のもののように。

いまなおそこにたたずんでいる。
すでに絶滅したもののようにではなく、
あたかも現代に生きのびた太古の生き物のように、
見え隠れしている。
それからわたしはこう語ったのだった。
——このクーリンの黒い山々もまた、
持ち上げられた太古の生き物の巨大な背ではなかろうか。
いましもそれは、湖に消えて行こうとしている。
その生き物なのか、
あなたとわたしがいままのあたりにしている光景は。

その印象は誤りではなかった、といまでも思うが、
あのときはせいぜい別の意識をもって、
わたしはそれを言っただけだった。
ああ、それゆえしかとわたしは思い出せないのだ、
あなたがそのときどう応えたかを。
言葉はたしかにわたしを打ったのに。

わたしの心がそこになかったのだ。なぜなら、
磁気を放つ黒い山々が、
わたしのなかの指標を掻き乱したからだ。

ともあれ先を続けよう。
湖からの帰途、長い谷間の道のりで、
いっとき休んだあの岩場でのことだった。
そこは「ナナカマドの岩」と名づけられていたが、
灌木一本生えてはいなかった。突然、
——わたしたちの後ろからだれかが歩いてくる、
とあなたがつぶやいた。
ぞっとしてわたしは振り返った。
もとより人っ子一人いるはずもなかった。
谷間を歩いているのはわれわれだけだった。
その代わり、乳をしぼったような真っ白い霧が、
おりしも谷間に湧き出したところだった。

あたかも遠くからはるばる旅をして、
いましがたこの谷間へ到来したもののように思われた。
それゆえ、わたしをおののかせたもの、
それは一つの啓示ではなかったろうか。
だからこそあなたは、あのときわたしに語ってくれたのだと思う。
あの岩の陰で、あの物語を、あれほど熱心に。
作者の名はウィリアム・サロイヤン。
物語は「哀れ、燃える熱情秘めしアラビア人」。

「物語のなかに驚くべきことは一つも起こらない」
と作者は言うけれど、そうではない。
深い意味が暗示されている、小さな物語のなかに。
それはやはり「驚くべきこと」ではないかしら、
とあなたは小さな声でささやくように称えた。
人けのない谷間で声高に語ることがなぜかはばかられた。
小さな物語にふさわしく、小さな声で、
その物語をあなたは語り始めたのだった。

——一人のアラビア人がいて、岩のように静かな男だった。
ずいぶんと小柄で、背丈は八歳の男の子と見まがう。
歳は六十歳を少し出たぐらい。
トルコ語とクルド語とアルメニア語を少しばかり話したが、
その声は、むかしの国から聞こえてくるかのようだった。
しばしば少年の家にやってきて、
一時間ばかり、少年の伯父さんと語り合うのだった。
ときには対話が二時間に及ぶこともないではなかった。
けれど二人が話し合う声は、少年の耳にまるで聞こえない。
アラビア人はときどき膝の塵を払う。
それから鼻で一つ呼吸をすると立ち上がる。
そのまま帰って行く。

少年は不思議でならなかった。
二人のおとなはただ座っているだけだったから。
小さなアラビア人はなにしに来たのだろう。

なぜ口をひらくこともなしに帰って行くのだろう。
好奇心を抑えかねた。
そこで少年は伯父さんに訊いたのだった。
あの人はなにしにうちへ来たの？
伯父さんはあの人とどんな話をしたの？
二人とも黙って座っていただけじゃないか。
すると伯父さんは、烈火のごとく怒るのだ。
ああ、なんという質問をするのだ、この子は！
先行き見込みがない！
こういう愚問を発するようでは！

でも、伯父さんは小さな甥を心から愛している。
そこで気を取り直し、こう言うのだった。
そうか、おまえはまだ子供だったな。
あのアラビア人は、この世界に打ち棄てられた孤児なのだ。
哀れ、燃える熱情秘めし人間なのだよ。
でもさ、一言もしゃべらなかったじゃないか。

それなのに、どうしてそうだってことが伯父さんに分かるの？
すると伯父さんは、大きな声で甥の母親を呼ぶのだ。
おまえはわしの妹で、この子はおまえのせがれだ。
そこで一つたのみがある。
どうかこの子を向こうへ行かせてくれ。
どうしたんですか、と妹は兄に向かって尋ねる。
どうしたんですか、だと？
この子はおしゃべりをするのだ。
のべつ訊きたがるのだ。
だから、さあ、この子をあっちへ行かせてくれ。

いっぽう少年は、こんどは自分の母親に尋ねる。
伯父さんたち、なんの話をしていたの？
二人とも黙って座っていただけじゃないか。
すると母親は、幼い息子に応えて言うのだった。
よくお聞き、坊や。
なにか言うことがあるときに、

ものを言う人もいるし、ものを言わない人もいるのだよ。
わたしたちはいつも、
言葉に出さないでも話をしているの。
それじゃあ、言葉はいったいなんの役に立つの？
まあ、たいして役には立たないね。
いつもというわけじゃないけれどね。
言葉っていうものは、
ほんとうにわたしたちが言いたいことや、
だれかれに知られたくないと思っていることを、
隠すのに役立つだけなんだから。
でも、あの人たちは話をしたの？
そりゃあ、したろうね。
いちども口を利かなかったのにかい。
口をひらいてものを言う必要なんか、あの二人にはないんだよ。
たがいに分かり合っているのだからね。
これがあの谷間の「ナナカマドの岩」の陰で、
あなたから聞かされた物語、

哀れ、熱情秘めしアラビア人の物語だった。

わたしは聴いていた、
相槌を打ちながら。
子供のように。
いましがた見てきたばかりの、
コルイスクの湖を背後に思い浮かべながら。
それなのに、真に思い出すべきものを、
まだつかみそこねていたらしい。
谷間の道をふたたびわれわれは歩き出した。
もう口をひらくことはなかった、あなたもわたしも。
どうしてその必要があったろう。
わたしの胸にはむくむくと湧き起こっていた、
考えなくてはならないことが。
分かりかけているが、まだ分からない。
合点がいきそうだが、まだ飲み込めない。
もどかしさに気を取られ、つい足もとを見忘れた。

草むらの石につまずき、ぬかるみに足を滑らせた。
しばらくしてわたしの胸に想起されたのは、
やはりピカートの言葉だった。

──言葉は遠くからやって来る、
とこの哲学者は語っていた。
言葉は遠方からやって来る。
忘れられた世界からやって来る。
沈黙だけがそれに耳をかたむけることができる。
沈黙をとおして言葉は語られなくてはならない。
そうして初めて、会話に広さが与えられる。
言葉に豊かさが戻ってくる。
沈黙によってのみそれは可能なのだ。
たとえば二人の人間が対座している。
二人は差し向かいで語り合っている。
けれども言葉は、
二人の話者のあいだの狭い空間を、

ただ行き来するだけではない。
そこにはつねに、姿の見えない第三者が居合わせる。
目には見えない第三の者が。
それが沈黙だ。
この第三の存在に敬意を払い、挨拶を送ろう。
このようにピカートは語っていた。

長い谷間は果てしなく、
終わりがないように思われた。
歩きに歩き、ただ歩き続けた。
あなたもわたしも。
しかしとうとう谷のはずれに辿りつき、
もういちどわれわれは振り返った。
クーリンの山々の向こうに日が落ちかかっていた。
グレン・スリガカンの谷がいましも閉じられようとしていた。
しかし夕陽はまるで、いやいやながら沈んでゆくかのようだった。
尾根の頂の一つにしがみついて、

そこから最後の光を谷間に向かって投げていた。
そのため黒い山は、いっそそれ自体が自らの影のように見えた。
まもなく陽が向こうに落ち込めば、
われわれの細い道も沈むほかはない。
白い霧のなかに、あるいは黒い影のなかに。

あとになりさきになりしながら、
われわれは谷間を歩いてきた。
おそらくこれからもそうだろう。
石の上に腰を下ろしたわれわれのあいだに、
一つの気配が生じた。
ひと足遅れてやってきた者のように、
それはわれわれのあいだにひっそりと座を占めた。
錯覚だったろうか。
そうではない。
いま到来したのだ。
それは沈黙、

いま腰を下ろしたところだ、
静寂という椅子に。
風がそよぎ、
谷間にどっと霧があふれた。

付記

一九九二年夏の終わり、イギリスに滞在中だったわたしに、たまたまウォルター・スコットの物語詩「群島の領主」(一八一五年)を読む機会があった。その詩から、ヘブリディーズの島嶼にスカイ島という島があり、ロッホ・コルイスクという湖水が島の西端に存在することを知った。聞けばそこはさながら秘境のごとく容易に人を近づけないという。現にスコットも「群島の領主」のなかでこう歌っていた。

あの身の毛のよだつような湖ほどにもきびしい風景が、
不毛の石の転がる黒い色をした岩棚が、
人の目に知られることは稀であった。
それはあたかも原初の時代に起きた地震に揺さぶられ、
荒々しい山が胸を割られ、打ち砕かれて、

奇怪なかたちをした道になったのかとも思われた。

スコットがロッホ・コルイスクへおもむいたのは一八一四年のことであった。右の詩に付した自注にかれはこう書いている。

「あたかもここでは、吹きさらしの山の斜面を、夏の太陽や春のあまやかな露で色とりどりに装うことが許されてはいないかのようだ」

わたしがその湖にひかれたのは、詩の行間にただよう気韻に打たれたということもむろんあったが、同時に、詩集に添えられたターナーによる挿絵にすっかり魅了されてしまったからでもあった。ターナーはスコットの詩集に挿絵を描くことを依頼され、一八三一年の秋、ロッホ・コルイスクを探訪している。

このときのことを、わたしは紀行として書いた（本書第十二章「スカイ島への旅　ターナーの絵を探して」参照）。

ターナーを論じたジョン・ゲージの名著『ターナー論——驚くべき精神の広がり』（一九八七年）もまたわたしの探求欲をいたくそそった書物であった。なかでも同書に引かれた次の一説が火に油を注いだ。それはターナーの同時代人である地理学者ジョン・マカロックの言葉であるが、第十二章にも引いておいたからここでは割愛することにしよう。

本文中に言及されている哲学者と作家について簡単に述べておく。

マックス・ピカート(一八八八―一九六五年)は医師にして哲学者であった。ドイツのシュヴァルツヴァルトに生まれ、ハイデルベルク大学に学んだ。ミュンヘンで開業医となったが、のちスイスのルガノ湖畔に居を移し、そこで著述をおこなった。

『沈黙の世界』(佐野利勝訳、みすず書房)のほか、『われわれ自身の内なるヒットラー』『騒音とアトム化の世界』などの著書がある。『沈黙の世界』の訳者あとがきに、「この本は、ピカートの他の著作同様、それについて議論がなされるに適したものでは決してなく、ただ熱心に傾聴されるべき性質のものである」と記されているが、まさにそういう性格を帯びた文体で書かれていると言ってもよいであろう。

いっぽう、ウィリアム・サロイヤン(一九〇八―八一年)はアルメニア系移民の子としてカリフォルニアに生まれた。さまざまな職業を転々としたが、のちに作家となる。一九四〇年に刊行された短編小説集『わが名はアラム』(清水俊二訳、晶文社)に、「哀れ、熱情秘めしアラビア人」は収録されている。作者はこの短編集のまえがきで、「この話のなかではとくに驚くべきことは一つも起こらないということを、読者に警告しておきたいと思う」と書いたが、それは当たらない。なぜならこの短編小説一つとってみても、驚くべきことが語られていることをわれわれは認めないわけにはいかないからだ。

小さな言葉で語られている。それゆえ、いっそう驚くべきものとなっている。たとえば物語のなかで書かれている次のくだりを、わたしは「驚き」の感情を伴わずに読むことはできない。

「このアラビア人は、初めて私の家にきたとき、母が六ぺんもくつろぐようにとすすめてから、やっと椅子に腰をおろした。耳が聞こえないのかしら、と、母は考えた。いや、そんなはずはない。耳が聞こえることはたしかだった。彼は耳を傾けて、熱心に聞いていたのだった」

六回も繰り返してくつろぐようにとすすめられなければ、椅子に腰をおろすことをしない。極度に遠慮深い性格の老人と言ってもいいかもしれないが、しかしそれ以上のものがその態度には感じられる。故郷を追われて、哀れ、燃える熱情秘めし孤児となったこのアラビア人こそ、沈黙そのものではなかろうか。沈黙の深さを少年の伯父さんはだれよりも理解している。

サロイヤンの物語は、ターナーの挿絵についてわたしがいだいた印象と、ある意味では同じ性質の「驚き」をもたらすと言ってもいい。ターナーの描いたロッホ・コルイスクもまた「哀れ、燃える熱情秘めしもの」にほかならない。

小さな画面のなかで、霧が渦巻き、ぐるぐると回転している。峨々たる岩山に囲まれた湖に向かって下ってくる雲と、その霧が絡み合っている。さながら燃える熱情秘めし生き物のように。しかし、画面には静謐さもまた湛えられている。

原画はエディンバラのスコットランド国立美術館に所蔵されている。ロッホ・コルイスクへの旅のあと、方向を転じてその絵を見るためにエディンバラにわたしは出かけた。

ところが、実物を目の前にしたとき、別種の「驚き」をわたしは新たにしないわけにはいかなかった。てっきり原画は相当な大きさであろうと予想していたがまるでちがった。水彩で描かれた原画は小品にすぎなかったのである。縦九センチ、横一五センチほどである。せいぜい葉書大といったところなのだった。
しかし、その小さな絵はやはり「驚くべき物語」を表わしていた。わたしはその後も二度ほどこの絵を特別展などで見る機会があった。いちどはエディンバラで、もういちどはロンドンのクロア・ギャラリーで。そしてそのつど、「驚き」を禁じ得ないのだった。ちっぽけな画面のなかで静寂なものと激烈なものとがせめぎ合っていた。絵は小さい。だが、ゲージの本のタイトルを借りれば、「驚くべき精神の広がり」を感じさせずにはいない絵である。

（明治大学文学部紀要『文芸研究』第九六号、二〇〇五年三月）

第十章　アイオナ島からの手紙　聖コロンバの旅

第一の手紙

一九九二年九月十九日
ヘブリディーズ群島の北の端にあるスカイ島から南に下り、きのう、マル島にやって来ました。シーズンはとっくに盛りを過ぎたので、閉鎖してしまっているホテルも少なくありません。滞在するところを探すのに少し手間取りました。
この島の西に、幅一キロばかりの海峡を挟んで、アイオナ島という米粒みたいに小さな島があります。六世紀に聖コロンバによって教会が建てられた清浄な美しい小島……と聞いていましたので、島にわたる前から、わたしはなんとなく期待していたふうでした。
マル島からフェリーに乗れば、十分ぐらいで行ける距離です。この海峡を馬に泳がせ、対岸までわたらせたことがあるというくらいですから、人間が泳いで行っても、潮の流れはそれほどでもないのでしょう。

きょうはあいにくの雨ゆえ、こちらから眺めると、島影がただけぶって見えるだけです。が、島に降り立ち、風景に目を凝らしてみると、どこか侘しげな感じがただようようです。なんだか場ちがいなところに来てしまったなという気がしないでもありませんでした。小さい島だけに、山もなければ湖もないのです。むろん修道院はありました。しかし、そのほかには、北のほうに小高い丘が一つあるだけ。島全体の印象をひと口で言えば、なんの変哲もない平凡な島といったところです。

どうして、こんなちっぽけな、景色も単調なら便利もよくないようなところを選んで、コロンバはアイルランドからやって来て、スコットランドで初めてのキリスト教修道院を建てようと考えたのだろう。わたしの胸のなかには、そういう疑問まで兆してくるかのようでした。

コロンバは、アイルランド北部の氏族の族長の家系に生まれた人です。氏族同士の争いが起こると、自ら武器を取って陣頭に立ちました。しかし、キリストの信仰に帰依した人でありながら、氏族制度を支えるためとはいえ、多くの人々を戦場に連れ出して死なせたことになります。そのため、裁判にかけられ、責任を問われました。このことが、コロンバ自身にも心に深い傷を負わせることになったのではないでしょうか。

コロンバが故国を捨てたのは、その苦悩のためだったのかもしれません。ある伝承によれば、かれは裁判の判決に服し、甘んじて追放されたのだとも言われています。

いずれにせよ、立ち去った故郷への未練を残さないため、かれはアイルランドの島影がもはや目に入らない僻遠の土地を求めました。いくつかの島をわたり歩き、最後にアイオナ島に上陸したのは、紀元五六三年のことだったと伝えられます。

修道院は、近年修復されたあとを歴然ととどめています。建物自体は貧弱というわけではありませんが、修復によって払われた代価は、かならずしも金銭上の問題にとどまるものではなかったと思われます。なぜならば、修復のおかげで、歴史的建築物の時代を経たゆかしさが、ほとんど跡形もなく消え失せてしまうことを余儀なくされたからです。

千数百年の歴史をその上に乗せていたはずの礎石までも、あらかた取り払われたのは、是非もないことでした。

ですから、かたちこそ往時をとどめてはいるものの、その建物の周りに立ち込めているのは、修復された寺院すべてに共通して感じられるあのよそよそしさである、と言っても過言ではありません。風景にどこか侘しげな感じがただようのも、それと無関係ではないのでしょう。

修道院の見物をそこそこにして、ヴィジターズ・センターにもなっている島の博物館みたいなところへ、いちおう足を運んでみることにしました。

建物のなかには、島の周辺で撮った風景写真、手描きの地図、島の子供たちが教室で書いたとおぼしい詩のようなものなどが、壁に画鋲で張りつけられています。

なんとなく雑然とした感じで、とくに見るべきものがありそうだとも思えません。といって、降りしきる雨のなかをぶらつくのも大儀なので、ぼんやりと子供たちの詩を眺めていました。
子供が書いた詩ですから、どれもみな単純な内容です。その一つはこんな詩です。手帳に書き写して来たので、大意を訳してみることにします。

冬は風と嵐
夏は太陽と水しぶき

でもそれは、都会が騒がしいのとはちがう
島にあるのは平和と静かさだ

町の外れまで行かなくたって
遊ぶ場所もいっぱいあるよ
家からほんのちょっと歩くだけでいい

大風が吹く日は船が出ないけど

夏になると人がやって来る
修道院を見にやって来る
近くの島にもちょっと行く

ここは自由がいっぱいある
でも島にないものもある
自動車の排気ガスだ

「アイオナ島」という題名がついていました。初めは漫然と読み流していただけですが、そのうち、なんだか自分の心がほどけていくような不思議な感じがするのです。ごく単純な詩なのに、こんな気持ちにさせられるのはどういうわけだろう、と思いました。

この夏のあいだ、湖水地方から北に上ってスコットランドの風景をいろいろ見て来ましたが、どこへ行っても、息を飲むような美しい山や湖や海ばかりでした。その変化のおもしろさを、いちいち口に出して説明していたらきりがないくらいです。

むかしの人とちがって、車で動き回る現代人の目には、その変化のおもしろさは、大部分、移動のスピードに依存しているでしょう。したがって、一つのみごとな風景に溜め息をついたかと思うまもなく、すぐに別の美しい風景が現われるので、あわててまた溜め息をつかなければならないのです。

一日に七つも美しい風景を見せられて、そのつどいちいち溜め息をついていた日には、じきに息が続かなくなってしまうでしょう。溜め息は息を溜めておくから溜め息なのですが、溜めっぱなしにしておいたら窒息して死んでしまいます。逆に、息を溜める暇も持たないような人は、じきに息が切れてしまうおそれが生じます。それと同じことは、別の例でも言えるかもしれません。

わたしがたといどんなに映画好きだからといって、一日に五本も六本も見せられたらたまったものではないだろうと思います。いくら選りすぐりの傑作ばかりあてがわれても、食傷した目には、内容の善し悪しは二の次になってしまうからです。

あるいはまた、ロンドンにいくつも立派な美術館があるからといって、欲ばったスケジュールを組んでかけずり回っていたら、わたしはへとへとに疲れ果て、しまいには神経がささくれ立つばかりでしょう。芸術への感動など、わたしのなかから消し飛んでしまいかねません。

そんなふうに考えると、アイオナの子供が書いた詩のような単純さこそ、コロンバが愛したものだったのかもしれない、というふうにも思われてくるのです。

話は聖人の場合だけとはかぎらないかもしれません。たとえば、作曲家のメンデルスゾーンが、一八二九年にアイオナ島に旅行したときのことです。かれはこの島の印象をこんなふうに語ったそうです。

——いつか、音楽好きの群衆にもてはやされるのに疲れ果て、どこか人気のないところへ行って暮らしたいという心境になったら、そのとき心に思い浮かべるのはきっとこの島だろう、と。

そうすると、いよいよ、さきほどご紹介したような詩が書ける聖コロンバの島の子供たちは、さながら小さな聖人たちのようでもある、とさえ言いたくなってきますね。

一つ一つの詩に、コロンバの精神がいまも通っていると言ってしまえば、あまりにも思い込みがはなはだし過ぎるかもしれませんが、しかし、無欲の心でこの島の空気を呼吸していると、人間の欲で濁ったような車の排気ガスの代わりに、千何百年も前のむかしの人の心に吹いたのと同じ風が吹いて来て、「ここには自由がいっぱいある」と言わせるのではないかとも空想されるのです。


聖人の無欲さに通じる単純さのなかで育った目で周りを見ると、なにが自由でなにが自由でないかが、自然に分かるようになるのかもしれません。そういう目は、複雑なことを考えたり、ものごとをたくさん知っているという教養や知識によって生み出される目とは、自ずから性質を異にしたものなのでしょう。

アイオナ島の子供たちが持っている目、かれらが書いた詩に現われているようなあるがままの目、あるいは、見たものや感じたものを素直に表現できる心、それは、かつてのわたしたちもまた持っていたかもしれない目なのです。ただし、現代の人間には、持ち続けることがむずかしい目でもあります。現代人が抱えているさまざまな欲望や欲求が、そういう純粋な目を、どうしても曇らさずにはおかないからです。

わたしたちを衝き動かしているさまざまな欲望と、その欲望を追いかける心の速度とは、単純なものにそなわる美しさが視野に現われたとき、その美に気づくことがないまま、むぞうさに吹き飛ばしてしまうのです。そのため、木の一本一本、また葉の一枚一枚を見るというふうに、時間や手間のかかる仕方で、目の前のものを心に感じ取ることができなくなっているのです。

もしかすると、美しいものを見たいというわたしたちの欲望には、すでに一種の逆説が付着してしまっているのかもしれません。というのは、いったんその欲望に身を任せてしまうと、その瞬間から、もうなにが美しくてなにが美しくないか、ほんとうのところ、区別も判断もつかなくなってしまうのではないかと感じられてならないからです。

たんに審美的な趣味を満足させるためだけならばともかく、自分が目にした美を、自分の生き方や行動に結びつけるような仕方で理解したり味わったりしようとすれば、いつのまにか、その欲望のために、本来の道筋までも見失うことになってしまう——。

コロンバを巻き込まないではいなかったアイルランドの豪族たちの争いもまた、けっきょくはんらかの欲望に衝き動かされた結果でありました。

欲望と欲望との対立から、憎悪と反目を生み出し、そこから容易に殺し合いへと突進して行くことになったのです。

欲望が欲望に襲いかかるうちに、争いのもともとの必然性など忘れ去られてしまい、争いそのものに情熱を燃やすところまで行きます。コロンバは、そのような無益な殺生を重ねることに矛盾を感じ、苦しんだ人でした。

ただ、かれは、たんに矛盾を感じて悩むだけでなく、どうすべきか、と考えることができた人でもありました。

百人のうち九十九人まで、戦争をするのは正しいことだと信じて疑わないときに、たった一人、戦争をするのは人倫にもとるのではないかという疑いを手放さず、その疑いから、人間に必要なものは慈愛と憐みの情であるという確信に到達した。それがコロンバだったのです。もとより、生易しい信念や信仰にすがって出来ることではありません。


この時代の氏族の血が、土地への愛着とどれほど不可分に結びついたものであったかは、今日のわたしたちの想像をはるかに越えるものがあったと思われます。たとえば、コロンバの両親は、当時のゲールの習慣にしたがい、息子を同族の身分の卑しい家庭に里子に出しました。このようにして、一族の絆が身分の上下を越えて固く結び合わされることが期待されたのです。

コロンバは、キリスト教徒としての信仰心と、豪族の血を受けた氏族への忠誠心とが、相入れることの出来ない二つの原理にほかならないことを、やがて身をもって思い知らされないわけにはいきませんでした。

氏族の血のつながり、血と土地のつながり、その絆の深さは、キリストへの信仰が確かなものになればなるほど、コロンバの内面にあって、いよいよかれを苦しめたにちがいありません。氏族の絆によって生きる道と、信仰によって生きる道とのあいだの埋めがたい亀裂に、かれは引き裂かれました。

コロンバは、スコットランドの島々をあちらこちらと放浪したのですが、どこへ行っても風景が美しいのを見て、その美しさに息を飲まずにはいられなかったろうとわたしは思います。

とっぴなことを申すようですが、もしかすると、その美しさのなかにこそ、人と人との争いを誘い出す欲望の源泉が潜んでいる、とさえかれが考えなかったとは言いきれません。

九十九人までのほかの人々が、美しく豊饒な土地であるがゆえに、そこを所有し、そこに住みたいと願うところを、コロンバならば、逆にこんなふうに考えたということもあり得るのではないでしょうか。

――ここも、あそこも、美しい豊かな土地だ。美しい土地だから欲望が起こる。豊かな土地だから欲しいと思う。ここを自分のものにしたい、あそこも自分のものにしたい。次々に湧き起こる欲望と嫉妬が、雲のように魂をおおう。

その欲望と嫉妬の雲が、争いが起こるのを、自然の出来事ででもあるかのように、あるいは逃れられない宿命ででもあるかのように、人々に思い込ませてしまう。自分の飽くなき欲望から起こった錯覚だとは気がつかずに、人は争いでことを決着させようとする。

ざっとこんなふうにコロンバが考えたとしたら、九十九人の人々がそのために争ったりすることのないような、およそなにも欲望や嫉妬心を刺激するようなもののないところに住みたいと願ったとしても、それはけっして不自然とは言えますまい。

取り立てて見るものがあるわけでないアイオナの小島が、どうしてコロンバの精神の故郷となったのか。

それは、その島が、他人が持ち得ないものへの執着や、他人の持っているものへの羨望から、魂を自由にさせるような不思議な雰囲気をただよわせていたからだったのかもしれないのです。

もしもそうだとすれば、この島の美しさは、まさになにもないことの美しさだと言っても、けっして誇張ではないことになりましょう。

この島の周りに吹いている風は、かつてコロンバの精神を吹き抜けて行ったのと同じ風にちがいないのですから。

第二の手紙

一九九二年九月二十一日

マル島に来てきょうで四日目になります。昨晩はみごとな星空だったので、きょうは朝から快晴だろうと思っていたところ、案の定、澄みきった秋の空が現われました。昼からもういちどアイオナ島を訪ねました。

岩だらけの小高い丘に上がって、千三百年も前に聖人の衣のすそを吹き上げたのと同じ風にあおられながら、かれこれ四時間近く、胸のなかを去来する思いに身を任せていました。

霧がよく晴れた日には、ここからスカイ島のクーリン山脈の尾根筋が見えるということです。丘の周りは、冷たい風が吹きすさぶために、伸びきらない背の低い草が、芝生みたいに一面に生えています。てっぺんに、だれが石を積んだのか、一つのケルンがこしらえてありました。

コロンバはここから南西の水平線を望み、かれの故郷のアイルランドの島影が見えるか見えないかを確かめたと言われます。

アイオナはなんの変哲もない島である、とわたしは前便に書きました。どうしてこんなちっぽけな、景色も平凡なら、便利もよくないようなところを選んで、コロンバは修道院を建てようと心に決めたのだろう、というのがわたしの胸に兆した疑問だったことも書きました。

その疑問は、アイオナの子供たちの詩を読んでゆくうちに氷解するように思われましたが、依然として溶けきらないままの疑問もないわけではないのです。そういう疑問の一つについて、きょうは書きたいと思います。


この二日ほどは、コロンバの事蹟にまつわるさまざまな伝承を、本で読みながら過ごしました。そのなかでとくにおもしろかった話を一つだけご紹介しましょう。

それは、アイオナに最初の教会を建てるというコロンバの事業に伴って起こったいろいろな障害についての伝説の一つです。

壁と柱がなかなか立ち上がりませんでした。途中まで石を積んでゆくと、どういうわけかかならず崩れてしまうのです。新しい信仰をきらう土地の悪霊どもの仕業でした。

コロンバは、もしもだれかが人柱に立つならば、壁は落ちないことを直観によって知りました。この犠牲になることを買って出たのは、コロンバの親友の一人、聖オランでありました。オランが生き埋めにされてから数日がたち、いよいよ石が積まれることになりました。尊い友人の死顔を、名残りに見ておきたいと思ったコロンバは、土を取り除くように命じます。土が掘り返されたとたん、奇蹟が起こりました。死人が息を吹き返したのです。

よみがえったオランは、コロンバにこう言明しました。

「死は恐ろしいものではない。地獄も人々が語るような恐ろしいところではない」

コロンバは激怒し、すぐさま友を埋め直させました。聖人は墓堀り人にこう命じたそうです。

「オランの口のなかにも土を入れよ。二度とその口がたわごとを語ることの出来ぬように」

この伝説の真偽はじつはどうでもいいことです。伝承の要をなしているものがなんであるかを理解することのほうが、はるかに重要だからです。事実であるにせよ、ないにせよ、また伝承者がコロンバに好意を抱いていたにせよ、いなかったにせよ、伝説を伝えた人々は、あたかもこの物語のなかに、必要なすべてを凝縮してくれているかのようでもあります。

なぜならば、そこには、近代のわたしたちの目から見れば、いかにも野蛮なまがまがしさが感じられるとはいえ、物語の骨子となっている部分には、まぎれもない真実が込められている、とわたしに思われてならないからです。すなわち、その伝説には、一つの新しい精神の原理が立ち上がって来るとき、どうしてもくぐり抜けないわけにはいかない古い精神との葛藤、あるいは心に親しいものさえも断ち切らざるを得ないことの苦悩が、あますところなく伝えられている、とわたしには感じられるのです。

なぜならば、その伝説を通して、第一に、異教の地であるスコットランドにやって来て、布教の要となるべき最初の教会が建たないというキリスト者としての苦悩が感じられるからです。

第二に、親しい者のなかから人柱を選ばなくてはならぬ、という人間としての苦痛が語られているからです。

さらに第三には、息を吹き返した友の奇蹟を、地獄を恐れぬ悪魔のたぶらかしとして否定し去らなければならぬ。友情にあらがって伝道者としての使命を果たさなくてはならない信仰者の苦渋もまた暗示されているからです。

こうして、新しい原理に生きるために、精神的な意味においても、物理的な意味においても、「故郷」や「親しいもの」を捨て去ったコロンバは、一見あらゆる束縛から解き放たれたかに見えますが、この地にあって、なお、有形無形の試練をまぬがれることができなかったのでした。

とすれば、わたしたちがその物語を通して読み取らなければならないのは、聖なる事業の遂行にあたって、コロンバが一歩進もうとするごとに直面し、そのつど乗り越えていかなければならなかった矛盾であるということになりましょう。

前にも書いたように、コロンバは、若年のころから信仰心の篤い人として、その名を近隣に知られていました。かれは、アイルランドの氏族の族長の家系に生まれた因果で、氏族と氏族とのあいだの闘いを経験し、多くの同志や敵の死をまのあたりに見ました。

負けてはならない闘いに身を投じながら、同時にその闘いを否定しなければならないという矛盾。それは、自らの信仰の立場と、氏族の族長である立場とのあいだで、二つに引き裂かれることを意味します。

わたしの勝手な推測に過ぎないかもしれませんが、コロンバが故国を捨てたのも、おそらくはその矛盾に身をさいなまれたためだったのではないかと思われるのです。

地縁と血縁の絆をあくまで自分の拠りどころとして、キリストの信仰をたんなる魂の装飾とするか、それともキリストの教えを新しい精神の原理として受け入れ、その代わりに氏族の血の絆を断ち切るか。

史実は、かれが選んだものが後者の道であったことを証明しています。故郷を捨て、まだキリストの信仰が行きわたっていない異教の土地を選び、そこをキリストの聖なる領土に変えようとかれは思い立ったのでした。前にも触れたように、追放されたのだとも言われていますが、かれにとってはどちらでも同じことだったでしょう。

とにかく、かれが世俗の欲望と神への信仰という相反するもののあいだで苦しんだのは確かと言っていいと思います。その苦痛を克服するためならば、富と地位を捨ててしまうことさえも辞さなかったのでした。

そのうえ、懐郷の情さえ振り捨てるために、故郷が見えないような場所を選びました。少なくともそれは、布教に専念するというだけが理由のすべてではなかったはずです。そこまで自分を追いつめ、心のなかに深く根づいたものを断ち切ろうとするのでなければ、自らの罪の深さをあがなうことなどできはしない、そして新しいなにかを始めることはなおさらできない、と肝に銘じたからではないか——と、わたしにはそんなふうに思われてならないのです。

いずれにしても、こうして教会を建てるために選ばれた場所が、なぜアイオナ島であったのか、という疑問に対する一つの答えとして——少なくともその答えの一つとして——自らの内側の葛藤とその原因をなしている執着や欲望の克服ということを指摘しても差し支えないのではないかとわたしは思います。

——とすれば、単純で平凡なこのアイオナ島が、コロンバの心にかなう最もふさわしい場所として見いだされることになったのも、あながち不思議とは言えないかもしれません。

丘の上に立って、西のほうを眺めながら風に吹かれていると、この島にやって来たときのコロンバの気持ちが、数日前に感じたときよりも、いっそう身近なものに思われて来るようでした。

コロンバは、聖者としてこの島を見いだしたというよりも、むしろ、一人のあたりまえの人間として、この島を眺めたのではなかったろうか。

とはいえ、千三百年も前の話です。

コロンバがほんとうはなにを考えてアイオナ島に上陸したのか、なぜこの島でなければならなかったのか、その動機や理由を完全に理解することは、いまとなってはほとんど不可能に近いと言わざるを得ません。わたしの想像や直観が果たして正しいかどうか、なんら確固たる自信があるわけではないのです。

ましてわたしのような不信心者が、数時間、あるいは一日、二日、風に吹かれたり、波のしぶきを浴びたりしたからといって、この島がかれの目にどんなふうに映っていたかを把握しきれるものでないことも申すまでもありません。わたしは、しょせん、近代人の空想でものを言っているだけなのですから。

ただ、いまのわたしは、事実がどうであったかということについては、あまり関心を寄せる気になれないことも事実です。

それよりも、いっそう重要ではないかと感じられることは、この島の子供たちの詩がそうであるように、なんの変哲もない単純なものを見て、自然に、ものごとの根底に降り立つことができるほど単純な目を、どうかして、いつか自分も取り戻すことができないものだろうか、ということなのです。

——非凡なもののなかに非凡さを見いだすのもむずかしい業ではあるが、平凡なもののなかに非凡さを見いだそうとすることのほうが、困難の度合いはもっとはるかに大きい。

そんなことを胸に去来させながら、丘の上から海原を眺めているうちに、夕日を照り返して、波が次第に輝きを増して来ました。

海面はきらきらと瞬きながら、刻一刻、まばゆい黄金色に変わって行きます。黄金の波のなかで、黒い影となった大小無数の島々は、まるで互いに重なり合うかのように浮かんでいます。

でも、額に手をかざしてよく見ると、それらの島影は、アイオナの島から遠ざかるにつれ、その色合いもまた少しずつ薄れていくように思われるのです。

……水平線の彼方から、ふたたび雲が湧き出て来ました。

しかし、雲に見えるのは、ただ、島影が累々と重なり合っているだけにすぎないのかもしれません。雲と見えるのが島なのか、島と見えるのが雲なのか、わたしの目には、もうほとんど見分けもつかないのでした。

（『英日文化』第四八号、一九九三年八月）

第十一章　記憶の入江にて　マクタガートとタゴール

胸のうちに、
記憶のなかに、
一つの岸辺がある。
遠い時間のかなたにいまは沈んでいるが、
それは架空ではなく現実である。
それゆえ遺憾ながら果てがある……。
その先へは行けない。
その先を見たことがない。
記憶がそれを許さないのだ。
いや、そうとばかりも言えない。
ちらと見たことがあるような気もするからだ。
その岸辺が返って来るのを。

よく考えればいちどだけのことではない。
確かとは言えないが、
秋の海を見に出かけたときのことだったか。
冬の陽だまりで光がいたずらをしただけだったのか。
それともいつか夢のなかに現われたのだったか。
岸辺は記憶の近くにまでは現われる。だが、
波に洗われて消えてしまう。
もう少しで意識に届こうとするその間際に。

十何年か前の夏の終わりごろ、
スコットランドを旅した。
エディンバラのナショナル・ギャラリー・オヴ・スコットランドで、
初めてわたしが知った画家があった。
名前はウィリアム・マクタガート。
この画家の手になる一枚の絵の前にたたずんだ。
波おだやかな磯と三人の子供が描かれていた。
中央に男の子が立っている。

年のころは十二歳か十三歳。
黒いベレー帽をかぶっている。
ズボンの裾をまくり上げている。
左の手で笊か籠をかかえ、
右手に細い棒をたずさえている。
磯の岩のあいだにできた水溜りを少年は見下ろしている。
その左手には同い年ぐらいの少女が描かれている。
岩の上に腰をおろしている。
少年の手もとをじっと見ている。
少女の背後にもう一人いる。
七、八歳の男の子である。
少年か少女の弟であろうか。
向こう向きになって、
波にさらわれぬ用心のためか、
岩の上に腹ばいになっている。
一心に沖を眺めている。
それとも、打ち寄せる波のさまを見守っているのであろうか。

あるいは、なにものかの到来を待ち受けていると見えないこともない。
『餌取りをする子供たち』というのがその絵の題名であった。

マクタガートは戯れる子供たちの姿を描いた画家だった。
自分の子供たちをモデルにして。
岸辺や波打ち際で、また磯や砂浜で。
この日、わたしはマクタガートの絵をもう一枚見ることができた。
それは常設展からいっときはずされて、
収蔵庫に収められていた。
ときどき絵にもコーヒー・ブレークと休息が必要です、
と言いながら、学芸員がわたしの目の前に引き出したのは、
『聖コロンバの到来』の大画面であった。
そこには二艘の小さな帆掛け舟が描かれていた。
いましも画面手前の浜辺に向かって近づいて来るところだ。
一艘はすでに陸地に近く、
あとの一艘は入り江のなかに入ったばかりである。
手前の丘の上には数人の子供たちが寝そべっている。

三人か、四人か、しかとは分からない。
近づく舟の気配にかれらはだれも気がついていない。
気がついたとしても、
二艘のうちのどれかに聖人が乗っているなどと、
どうしてかれらが知っていよう。
子供ら自身と、子供らの周りにあるもの、
それは天然の無邪気さなのだ。

コロンバは若いときアイルランドからやって来た。
スコットランドに初めて福音をもたらした。
最初の修道院をアイオナ島に建てた。
それゆえわたしは思い込んだのだった。
マクタガートの絵に描かれた陸地はアイオナにちがいない、と。
だが、そうではなかった。
描かれているのはキンタイア半島のある小さな入り江だった。
聞けばコロンバはまずキンタイアに上陸し、
アイオナにやって来たのはそのあとだったという。

聖コロンバの到来、
という歴史的な出来事を主題としながら、
画家が描いたのはアイオナではなかった。
描かれたのはキンタイアの岬だった。
だれもが描きそうなアイオナを画家は描かなかった。
どうしてだろう。
アイオナを画家は知らなかったのであろうか。
むろんそうではない。ここからスコットランド全域に、
キリスト教が広められたのだから。
とすれば、答えは簡単だ。
マクタガートが伝道者ではなかったからだ。
かれが芸術家だったからだ。
アイオナよりもキンタイアの浜辺を画家は愛したのだった。
そこに聖人に捨てられた入り江がある。
だがそこは画家の思い出の地であった。
亡くなった妻との。
毎年、残された五人の子供たちとともに画家はやって来た。

やがて子供たちが大きくなるにつれ、
キンタイアの岸辺からかれらは次々に去って行った。
画家だけがやって来た。
絵を見ているうちに、
インドの詩人タゴールの詩がわたしに思い出された。
とくに「世界の岸辺にて」という一編が。

果てなき世界の岸辺に子供らが集う。
かれらの頭上で、果てなき空は少しも動かず、
海は絶えず荒れている。
果てなき世界の岸辺に子供らが集う。
子供らは叫んだり、踊ったりしている。

子供らは砂でかれらの家をつくる。
うつろな貝殻でたわむれる。
枯葉を使って小舟を作り、広く深い海に浮かべる、
ほほ笑みを湛えながら。

子供らは世界の岸辺でたわむれる。

子供らは泳ぎ方を知っていない。
網の打ち方も知っていない。
真珠採りたちは真珠を求めて海に潜り、
商人らは船に乗って旅をする。
だが、子供たちは小石を集めては、また撒きちらす。
隠された宝を子供らが探し求めることはない。
網の打ち方も子供らは知ることがない。

ここまでがこの詩のおおよそなかばである。
「果てなき世界の岸辺」というが、もとより現実の岸辺ではあるまい。
架空であるか、または詩人のなかにのみ存在するのだろう。
だが詩人は、ありありと思い浮かべることができたのだ。
無窮の海を縁どる岸辺の光景を。

『餌取りをする子供たち』の前にふたたびわたしは戻った。

さきほどは気がつかなかったが、
いまや絵に微妙な変化が生じていた。
沖を眺めている男の子が描かれている、とわたしは言ったが、
向こう向きになったその子の肩から背にかけて、
透きとおって見えるような気がする。
背景の海や波がそのまま見えるような気がするのである。
あたかも子供はただよい出すかのようだ、波のまにまに。
気のせいだろうか、
あるいは午後の光のかげんがそう見せかけるのか、と疑ってみたものの、
どうやらいずれでもないらしかった。
なぜならその子ばかりではなかったからだ。
波は確かにかよって来ていたのである。
磯に立つ少年の胸のあたりにも。
ここに描かれた子供たちはみなまぼろしではなかろうか。
しかし学芸員はわたしにおしえてくれた。
絵画にありがちな現象にすぎない、と。
絵具を塗り重ねていって長い時間がたつと、

前に描いた下の部分が、
絵の表面に浮き上がって来ることがあるという。
その作用のせいで、あとから描かれた人物の姿が、
なかば透きとおって見えるのだ、と。
マクタガートは海や波や岸辺を野外で描いたが、
アトリエに戻って子供たちの姿をあとから描き入れた。
年月が経つとともに、下の絵が表面に浮かんで来た。
こうして波が到来したのである。
子供たちの姿をとおして。
さては、向こう向きになった子供は、
その波を待っていたのだったか、とわたしはあやうく思いかけた。
だが、『餌取りをする子供たち』の制作は一八七九年である。
その五年後なのだった、
画家が妻に死なれたのは。
子供たちが母親を失ったのは。
……
わたしに思い出されたタゴールの詩にはまだ続きがある。

海は大きく笑いながら波を巻き返す。
岸辺のほほ笑みはきらめく。白く、青く。
死をもたらす波は、子供たちに歌って聞かせる。
意味を持たない物語を。
あたかも母親が揺り籠の赤子を眠らせるときのように。
海は子供らとたわむれる。
岸辺のほほ笑みはきらめく。白く、青く。

果てなき世界の岸辺に子供たちが集う。
道なき空を嵐がさまよう。
海路も分からぬ海で船が難破する。
死ははびこり、子供らはたわむれる。
子供らが一堂に会している。
果てなき世界の岸辺に。

こうしてみると、

詩人は熟知していたのだと考えるほかはない。
死をもたらす波は生をもたらす波であり、
意味を持たない物語こそ意味の源泉であることを。
それゆえ、波が子供たちに歌って聞かせる物語は、
意味を持たない物語であるが、
同時にあらゆる意味を孕んでいるのだった。
スコットランド西部のキンタイアの浜辺こそ、
マクタガートにとっては「果てなき世界の岸辺」だったのだ。
そうであるならば、ありありと映って見えたにちがいない。
画家としての目に。
岸辺で波とたわむれる子供らの姿が。
かれらを見守る母親の姿が。
母と子供らとが一つになるさまが。

絵が描かれてから百数十年の歳月が流れた。
一つの奇蹟が現われた。
彼方の岸辺から波がふたたび返って来たのである。

子供たちの姿をとおして。
あたかも買い物をして戻って来た母親が、
揺り籠のなかの赤子を眠らせようとするように。
子供たちはそれを知らない。
餌を集めるのにわれを忘れているから。
波のまにまにただよい、あそぶのに夢中になっているから。
かれこれ百年以上も磯にいたのだ。
どうしてかれらが知ろう。
自分たちがとうとう海に返ったことを。
子供らの周りにあるもの、それは天然の無邪気さなのだ。
時の移ろいが自分の絵になにをもたらすのか、
なにを絵に付け加え、
なにを消し去るのか、
マクタガートはあたかも知っていたかのようである。
画家の本能によって。

わたしにも一つの岸辺が現われるのだ。

わたしの胸のうちに。
わたしの記憶のなかに。
遠い時間のかなたに沈んでいるが、
架空ではなく現実である。
したがって果てがあるのは是非もないが……。
岸辺は記憶の近くに現われる。
そのとき素早くとらえなければならない。
もう少しで意識に届こうとするその間際を。
手を伸ばしてつかまえなければならない。
波に洗われて消えてしまう前に。
そのあとは波に身を委ねるのだ。
わたしが戻って来られるのはいつのことだろう。
それは分からぬが、あまり気にすることもない。
百年たってからでも遅くはなかろう。

付記

キンタイア半島はスコットランド西部に位置する。突端の岬からアイルランドを望むことができる。

一九七七年、ポール・マッカートニーがこの岬から眺められる風景に打たれ、ウィングスとともに*Mull of Kintyre*（邦題『夢の旅人』）を作曲した。僻地とも言われた静寂の地だったのだが、一躍世界的に名を知られることになった。

ウィリアム・マクタガート（一八三五―一九一〇年）は、スコットランド出身の画家である。十九世紀末から二十世紀初頭にかけて絵を描いた。『餌取りをする子供たち』*Bait Gatherers* のことをここでは書いたが、絵具に透過性が現われる現象は一般にイタリア語の「ペンチメント」として知られる。

この現象が顕著に現われているかれの作品はほかにもある。いずれも、人間の子供たちが自然のなかに融けこんでいるように見えるばかりでなく、子供たち自身がさながら自然の精そのもののようにさえ見える、という意味で不思議な効果が現われている。画家があらかじめその効果を知って描いたのかどうか、そこまではわたしには分からない。

ラビーンドラナート・タゴール（一八六一―一九四一年）は、英訳詩集『三日月』に収められた詩編を自分で英訳したが、もとはベンガル語で書いた。むろん韻文で書いたのである。これに対し、英訳は散文である。岩波文庫に収められている『タゴール詩集』（渡辺照宏訳、原題『ギーターンジャリ』、意味は「歌の捧げ物」）は、ベンガル語の韻文詩と英訳による散文詩をともに訳出しており、そのなかに詩編「世界の岸辺にて」も収められている。

だが、ここで引用するにあたっては、『三日月』に収録された英訳散文詩に依拠した。散文詩であるから改行も引用のとおりではないことを、わたしはここで断っておく。

（『月水金』第二九号、二〇〇五年七月）

第十二章　スカイ島への旅　ターナーとウォルター・スコット

一　スカイ島ウィグ湾のほとり

一九九二年九月十日
スカイ島にあるその湖をわたしが見たいと思ったのは、ウォルター・スコットの詩集のためにターナーが描いた挿絵の一枚が頭から離れなかったからだった。
一八三一年七月から九月にかけ、スコットの詩集に挿絵を描く目的で、ターナーはスコットランドの本土を始め、ヘブリディーズ群島を旅した。そのときのスケッチにもとづいて描かれた一連の作品の一つに、『コルイスク湖』があった。
わたしはこの七月、ウィンダミアの古本屋で、一巻本の『スコット全詩集』を手に入れるという幸運に恵まれた。初版(一八二三年)ではないが、初版と同じくエディンバラのロバート・カデルが出版したもので一八四七年の刊行である。天金背皮装の豪華本、しかも四十ポンド。そのときの換算では九千円に満たなかった。この種の古書としては掘出し物と言っていいだろう。

ターナーは、淵のまんなかから、クーリンの山々が次々とそそり立ってゆくさまを描いていた。霧が渦巻き、雲が逆巻き、その渦は山の頂きを覆いつくし、地層のうねりにつながっていた。雲と霧と山が一つの同心円をなしてぐるぐると回転していた。大地からごっそりと引き抜かれた山々が、いままさに天空へ巻き上げられてゆくところであった。

だが、スカイ島にわたってすでに一週間、その湖をまだわたしは見ていない。

九月三日、レンタカーで早朝グラスゴーを立ち、北上してフォートウィリアムを経て、かろうじてその日の最終フェリーに間に合い、スカイ島にわたることができた。フェリーの乗客わずか十数名。ざっと見わたしたところ、観光客はほかに一人もいない。おじさんやおばさんばかりであった。島の船着場ポートリーに近づくにつれてぽつぽつ雨が降り出し、上陸するやいなや土砂降りとなった。以来連日似たような空模様である。

スカイ島は、スコットランド西部沿岸に散らばるヘブリディーズ群島の一つ。観光案内書などには、スカイ島のことが、「歴史と霧と神秘の島」と紹介されている。歴史の哀歓を秘めた秘境のイメージで売ろうという商魂であろう。わたしがこの島にわたったのも、その「歴史」と「秘境」が見たかったということになるが、主目的は、島の南西部にある小さな湖水ロッホ・コルイスクを見ることにあった。

わたしはスコットランドにやって来る前は、七月から八月にかけて、カンバーランドの湖水地方に滞在した。コニストン湖のブラントウッドにあるラスキン記念館に日参して資料を見るほか、ワーズワースが愛したヘルヴリン山に登ったり、いくつもの美しい湖畔を歩き回ったりしながら、ラスキンの『近代画家論』を縮約版で読みふけった。

その『近代画家論』第一巻(一八四三年)にあたる部分の「大地の真の形態について」というところで、ラスキンはターナーのこの絵を取り上げている。

アルプスのような大山脈とは別に、カンバーランドやスコットランド、また南イタリアなど、せいぜい一〇〇〇メートル級の低山が集まっている地域にも低山としての比類ない特性が存在する、とラスキンは言う。そして、コルイスク湖を囲むクーリン・ヒルズについて、かれはおおよそこんなふうに述べていた。

……この山塊に輪郭を与えている多数の線のどの集まりを見ても、それらの線は、四方八方あらゆる方向に走っていることが見て取れる。互いに平行している線は一つとしてない。互いに似通っている線も一つもない。それでいて、山塊全体がきわめて厳格な平行関係を保ちながら構成されている、という印象を与えられる。

地層の表面は左に向かって伸びている。右側では絶壁が切り立っている。画面中央の尾根筋のあたりでは、地層の縁の部分がくっきりと際立たせられている。それが背後の地層の上に影を落としている。その影がまたぎざぎざした三つの山の突端と、それより低いほうの山に出来た割れ目、すなわち三つの断層を際立たせているのである。遠景に見えるどの山頂も、これと同じように一つの大きな影響のもとにあることは明白だ。その明白さを確かなものにしているのは、画面中央の地層と平行しながら、右端の湖からそそり立つもう一つの地層の表面の平らかさと均一性にほかならない。

ラスキンが言いたいのは、クーリン・ヒルズの地層に刻まれた褶曲運動の痕跡をよく見ると、それぞれが独立した動きと個性を持っているにもかかわらず、全体として、個々の運動を超えたいっそう大きな山脈の形成運動の一部にもなっているということだ。全体として大きな一つの方向に沿って動いていながら、個々の動きは自由で独立している、と言い換えてもよかろう。その観察の明確さにわたしは打たれないわけにはいかなかった。

だが、じつを言えば、ラスキンは、クーリン・ヒルズとコルイスク湖をじっさいに見て述べたわけではない。あくまで小山岳の特性を説明する例証として、ターナーのこの絵を分析しているのである。かれが妻のエフィとミレー兄弟を伴い、スコットランドのグレンフィンラスへ出かけたのは。一八五三年の夏のことだ。ジョン・エヴァレット・ミレーは、ラスキンがラファエル前派グループのなかで最も目をかけていた有能な画家であった。そのミレーに、かれが妻を奪われたのもこのグレンフィンラス滞在中の出来事であった。このとき『近代画家論』はすでに第二巻まで刊行されていた。

一週間近くたつのに、わたしがまだ目的を果たしていないのは、一つには天候が安定しないせいである。ほとんど連日、あめかぜ、あめかぜ、ちょいと晴れる、といった具合なのである。もう一つは、北部を中心に見て回っているせいもある。宿を決める前に島をひとめぐりしておこうと思い島の北西部に行ったとき、ウィグ湾に臨む断崖のはずれに一軒の賃貸コテージを見つけた。家の作りや古さや、周りに畑があるところをみると、家主はもとは農業を営んでいたらしい。「もとは」というのは、畑とはいいながら雑草のはびこり方がただごとではないからである。どう見ても打っちゃってから三年はたっている。

車を降りて近づいてゆくと、隣接して建っている新築の家から出てきたのは、老夫婦であった。二人とも相当な高齢である。八十歳か、あるいはもっと行っているだろう。それとも外見がそう見えるだけなのであろうか。よく分からない。

差し出された名刺にはマッケイ、B&B(朝食つき民宿)と書かれている。だがB&Bと印刷されたところにボールペンで二本の棒が引かれていて、その上にSelf Catering(自炊)と書き込んである。近ごろ経営方針を変えたものらしい。賄いの手間を省くためなのであろう。

門のところに、みごとなナナカマドの木が生えていた。真っ赤な実をたわわに実らせているのもみごとだった。スコットランドの田舎道を車で走っていて、しばしば見かけるのがこのナナカマドである。マッケイ氏に英語でなんと言うのかと聞いてみたら。ラウアン・ツリーと言うそうだ。ついでに綴りも教えてもらった。rowan tree である。別名マウンテン・アッシュ。アッシュならトネリコのことだが、マウンテンがつくとナナカマドになるらしい。朝起きたときにこの木を部屋の窓から眺めるのもわるくない。交渉してみたところ一週間一〇〇ポンドという安さである。即座に借りることにした。

島の中心地、ポートリーの観光案内所でロッホ・コルイスクのことを訊くと、スカヴェイグ湾が荒れているときは舟が出せないという。「風で転覆のおそれがある」と案内係の青年が言った。遊覧船といってもせいぜい二十人かそこらしか乗れないというから、モーターボートの大型といったところかもしれない。また、客が少なすぎても出ない。引き合わないからだという。もっともな話である。いずれにせよ、少し見込みが甘かったようだな、とわたしはほぞを噛んだ。夏が終わる前のもっと早い時期に来るべきだった。とにかくもう二、三日様子を見よう。

ヘブリディーズ諸島は、大小さまざまの島が浮かんでいるので、文字どおり北方の多島海である。しかし、この時節の北の海の色は、南の多島海すなわちエーゲ海とちがって、たとえ快晴の一日、夕日が沈むのがくっきりと見える日でも、ホメーロスが歌ったような海の色にはけっしてならない。この北の海で、「赤い葡萄の色をしたエーゲ海」と同じか、それと似たような夕景色を見ることができるのは、一年を通じてもそう多くはないだろう。

しかも、九月に入ると、絵葉書にある燃えるような赤さの夕焼けを見ることはますます稀れになるようだ。現にこの一週間、わたしがかろうじていちどだけ見た夕焼けも、けっして赤くはなかった。オレンジ色とも黄色ともちがう。もっとくすんだ銀の色に近いような空と海であった。

スコットランドにはそのむかし、ケルト人とピクト人という人種が住んでいたから、その子孫がいまでも多いのは当然であろう（たとえばスカイ島の有力士族だったマクドナルド一族は生粋のケルト出身である）。かれらの語り残した伝説は、いまでも文学や民俗学の宝庫となっている。ちょうど『遠野物語』のような不思議な話が無数にある。

わたしの郷里は遠野だが、遠野物語の世界には、どちらかと言うと砂鉄で作った鉄器の色が合うとわたしは思っている。だが、ケルト伝説の世界には、むしろ銀器の色が似つかわしいかもしれない。その銀の色こそ、この風土にふさわしい伝説の色ではなかろうか。

ポートリーのみやげ物屋やクラフツ・ショップでみかけた銀細工は、けっしてけばけばしい色調ではない。どちらかというと渋くくすんだ感じである。銀というよりも、いっそ上質の砂鉄を思わせる風合い、と言ってもいいかもしれない。

とすると、鉄が銀に近寄るのか、それとも銀が鉄のほうに近づいて行くのか。いずれにせよ、砂鉄と銀の色には共通した北方の性格がうかがわれるかのようである。風合いを同じくする両者は、あたかも黄金の色を誇る地中海ミケーネ文明が、葡萄の色に染まるエーゲ海に呼応するのと同様に、それぞれ照応し合っているかのようにも思われるのだ。

とはいえ、この一週間あまりのうち、まがりなりにも晴天だったと言えるのはわずか一日、それもほんの数時間だけであった。あとは雨と風の日が続いている。コテージの天井からは雨漏りがし、台所の壁には真っ黒い色の大きなナメクジがはい回る。天気のわるいのもうっとうしくてならないが、ナメクジもわたしを閉口させる。

夜中台所に入ったら、流しの下の水道管のまわりにぽっかりと穴があいていることが分かった。その下が直接地面になっている。やつらはそこから入り込むらしい。板切れで穴を塞ぎ、念のために塩をたっぷり撒いておく。

昼飯を食べていると、こんどは雨漏りがし始めた。雨といい、風といい、寒さといい、雨漏りといい、そしてナメクジといい、『嵐が丘』の舞台となったあのヨークシャーのハワースと同じである。電気ストーブを付けっぱなしにするが、額に汗が浮いてくるだけでもとより効果はない。しまいにはこちらがナメクジに化けてしまいそうだ。

きびしいのは風土だけではない。北部を回っているとわたしは書いたが、由緒ある城や館の跡が点在しているのは、北部だけではなく島のいたるところにある。

わたしが見たのは、いまのところ北端のダントルム城やモンクシュタットの屋敷など。これらはそのむかし、マクドナルド一族が居城ないし邸宅として建てたものである。

いまは打ち捨てられて長い時間を経過したため、屋根が落ち、漆喰は剥げ、いたるところに雑草が生い茂り、そして壁には例のごとくおびただしい数のナメクジが這っていた。

壁の周囲を歩き回っていると、最近だれかが焚き火をしたらしい跡があった。むろん雨で火は消え、灰は風に吹き飛ばされていたが、傍らの地面に、一丁の手斧がふかぶかと突き刺してあるのが目についた。火にくべる薪を作るために枝を切って、そのまま忘れてしまったのであろうか。だからといって地面に直接打ち込んであるのも妙であった。とにかく手に取ってうっすらと錆の浮き出た刃先を見ていると、なにか凄惨の気がただよう。

入口のところに生えているナナカマドの老木は、十数メートルの高さまで伸びていた。あたかもこの屋敷の歴史を語るために、そこに立ちつくす生き証人といった風情である。わたしの質問に答えてマッケイ老人がおしえてくれたのだが、ナナカマドには魔除けの効果があり、スコットランドではむかしからことのほか好まれてきた喬木であるという。

しかし、それとても、風雨に吹き晒されるがままである。見る影もないほどに荒れ果てた石壁の名残りのあいだに立ち、ぼうぼうと吹きすぎて行く風の音に耳をすましていると、かつてここでバグパイプの音色が高く鳴り響き、人々が賑やかに夜会をひらいたこともあるなどということが、束の間の夢だったとしか思われない。

一八一四年の晩秋のことだが、ウォルター・スコットがコルイスクにおもむき、その景観を物語詩『群島の領主』(一八一五年)に歌うまで、そこは文字どおり人跡稀れなところだった。

あの身の毛のよだつような湖ほどにも厳しい風景が、
不毛の石の転がる黒い色をした岩棚が、
人間の目に知られることは稀れであった。
それは、あたかも原初の時代に起きた地震に揺さぶられ、

荒々しい山は胸を割られ、打ち砕かれて、
奇怪なかたちの道になったのかと思われた。

スコットは脚が不自由だったこともあり、海路スカヴェイグ湾から行ったのである。ヘブリディーズ諸島をめぐる旅の途上で立ち寄ったのだが、乗っていたのは帆船であった。ジョンスンとボズウェルが海路を行くさいに用いたのも帆船であった。スコットよりもおよそ二十年後にやって来たターナーも船を使った。ただし、ターナーのときはすでにスチーム・ボート、つまり蒸気船の時代であった。わずか二十年の時の流れが、旅人の脚の便宜をいかに急速に促進させつつあったが知れよう。

二　スカイ島ブロードフォード村にて

一九九二年九月十三日
快晴とまではいかないが、部屋のなかに、ときおり秋の陽射しが差し込む。きのうまでの強風もいくぶんおさまったように見える。引きちぎられるように流れていた雲の流れがゆるやかになり、薙ぎ倒されてしまいかねなかったナナカマドの枝のたわみも元に復し、小鳥が飛んで来て赤い実をついばんでいる。

わたしはウィグ湾のそばのコテージをけさ引き払い、南のブロードフォードという村に移動した。だからこれはブロードフォードで書いている。早く言えば、ナメクジに追い出されてしまったのである。

昨夜も数匹退治しなければならなかった。隙間という隙間はことごとくふさいだのに、やつらはいったいどこから侵入して来るのかさっぱり分からない。壁、天井、カーペットの上、流し、風呂場、どこにでもいた。大きいのは十センチ、小さいのでも四、五センチはある。それがことごとく真っ黒な色をしていた。こんなやつは日本ではけっして見られない。ヨークシャーのハワースでも、草の葉にびっしりたかっているのを見ておぞけをふるったのだったが、スカイ島で見るのはもっと大きい。

清算のときに、電気メーターの目盛で消費量を調べてもらって、かかった金額を割り出してもらったところ、四十五ポンドにも達していた。たった一週間で一万円近い光熱費を払ったのは生まれて初めてである。こちらも驚いたが家主はもっと驚いていた。

「よっぽど寒がりとみえるね」と、ばあさんは笑いながら言った。人の気も知らないで。寒気がしたのは気温が低いばかりではありませんよ。

エルゴルまで行き、湾の様子を見て来た。小さな船着場で、粗末なカフェが一軒あるだけだった。車の外に出ると、物凄い強風がからだをあおる。湾内の波が高いのは聞いていたとおりだった。だが、行ってみるまで分からなかったのは、海面に霧が発生していることだった。あれはほんとうに霧だろうか。まるで熱湯が煮えたぎっているようだな。湾とつながっているコルイスク湖もこんなありさまなのだろうか。

立ち込める湯気のような霧を透かして、対岸に山の影がいまにも見えるような気がした。あれが山ならきっとクーリン・ヒルズにちがいない。

二、三分外に立っているだけで、からだがぞくぞくと冷え込んだ。熱いコーヒーか紅茶でも飲まなければばたまったものではない。カフェに駆け込み、窓際の席に陣取った。そこから湾の向こうのコルイスク湖が眺められるのではないかと期待したからだ。しかし、吹きつける海風の塩気でべっとりと汚れたガラス窓から見えるのは、もうもうたる湾内の霧だけであった。いましがたクーリンの山影が見えたような気がしたが、あるいは気のせいだったかもしれない。

ふと、あることに気がついた。湾内の霧だが、どうやって発生するのか、そのわけである。通常の霧のように、水温と大気中の温度のちがいのせいで発生するのではない。

大西洋の荒波は入り江のなかまで容赦なく入り込んでくる。波がしらが軍鶏のとさかのように突き立つ。そこへ突風が吹く。刃のように鋭い。突き立った波の頭の部分を空中で切り離してしまう。切り飛ばされた波の魂が空中で次の刃を食らう。いや、刃の腹でひっぱたかれると言ったほうがいい。こっぱみじんに砕け散ると、すかさずそこへ第三の刃だ。こいつが霧吹きの役をする。

風は水の塊を海面から切り取り、もぎ取り、引きちぎって、空中でこなごなにくだいてしまう。しぶきは雲散し、霧消する。これを一日じゅう繰り返す。くだかれた波の塊は、空中でさらに揉まれ、叩かれ、ばらばらにされて、湾内をおおいつくす霧となる。いったいこんな荒々しい霧の製造工房があるものだろうか。わたしはほとんど魅せられるようにして、その光景に目を奪われていた。なるほど、これでは舟を出すのはとうていおぼつかないはずだ。小型のモーターボートなどではとてもむりだということがよく分かった。

しかし、とわたしは胸のなかでつぶやいた。およそ一世紀半前にターナーがここへやって来たときにも、スカヴェイグの湾はこんなふうだったのではあるまいか。季節は八月中旬だったが、スカイ島の八月なかばはもう秋である。

ターナーがコルイスクを描きに行ったその日の天候がどうだったかはよく分からない。しかし、もう少し南に下ったところに浮かぶマル島の付近で、かれが乗った蒸気船がおりからのひどい時化に見舞われたことは分かっている。この時化のため、ターナーはスタファ島のフィンガル洞窟はなんとか見ることができたようだが、アイオナ島への上陸は見合わせなければならなった。時化模様に恐れをなした船客たちが接岸を拒否したからだ。ターナーは切歯扼腕の思いだったにちがいない。かれは荒れる海が描きたかったのだ(しかし、このときの経験が、時化のなかを行く蒸気船を描いた最初の傑作『スタファ島フィンガルの洞窟』を生む。一八三二年のことだ)。

五十代なかばのターナーが時化をものともしなかったとすれば、そのときの画家より十歳近くも若いわたしが、たとえ舟ではなく陸から行くにせよ、雨中行脚のコルイスク踏破を試み、この目で湖を見届けるくらいでなければ仕方がない。芸術家の尋常でない好奇心というものが、かれらの精神の深みのどこでどのようにつながって表現に結びついていくのかをおしはかることなど、とうていおぼつかないであろう。

ブロードフォードでこれを書いていると言ったが、エルゴルからブロードフォードまで引き返して来るとき、道路のかたわらに「フラット貸します」という看板が出ていたのである。フラットといっても、自宅の二階の部屋を貸すのだ。入口は母屋と別になっていて、自炊の設備も整っている。家主と同じ屋根の下に寝泊まりすることになるのがちょっと気詰まりなような気もしたが、ナメクジの這い回るコテージに寝泊まりするよりはずっとましだと思い直した。

四泊の契約で借りることにした。賃料は七十ポンド。フラットとしては少々高いようだが、最低一週間で契約するのが普通のところを、頼み込んでショート・ブレイクにしてもらったのだから、割高になるのはいたしかたない。

わたしは地図やガイドブックを部屋の床に広げ、陸路からコルイスクを攻める計画を練った。ガイドブックには、コルイスク湖に行くのは健脚を持った者でなければならないとか、クーリン・ヒルズは磁力を持った山塊なので、磁石はかならずしも信頼できるとはかぎらないとか、天候不順の季節には往復に十時間近くかかると見ておくのはけっして大げさではないとか、山歩きの素人を威嚇するようなことばかり書いてある。

しかし、ある本を読んでいたときには、別の意味でどきりとするようなことが書いてあった。オッタ・F・スワイアという人が著わした『伝説の島スカイ島』である(一九五二年)。

それは、一見素人に対する威嚇にすぎないようにも思われたが、かならずしも一般的な動機からではないようであった。ある単独の旅行者の身勝手な思い上がりによる事故や遭難によって、土地の人々がどれだけ迷惑をこうむることになるかを、実際の遭難例を念頭に置きながら、スワイアの本は警告しているようでもあった。かれはこんなふうに書いている。

……よそからやって来たある不心得な旅人が案内者も連れず、あるいは適切な助言を仰ぐこともなしに、クーリン・ヒルズに出かけたとしよう。やがてかれは霧に巻かれ、道に迷い、くるぶしを挫いて動けなくなる。未帰還と分かって、この島のガイドを本業にしている人々のところへ捜索の呼びかけが来るだろう。だが、自分を雇いもしなかった、また相談にさえ来なかった人間を捜索するために、ガイドという自分の生業をまる一日(あるいは数日)といえども、誰がよろこんで投げ出そうと思うだろうか。

ガイドが頼めないとなれば、次は捜索の呼びかけは島中に及ぶことになるだろう。ポートリーから、ダンヴェガンから、アーマデールから、つまり全島から、捜索隊を乗せたバスが集結する。これらの人々は、みな養わなければならない家族をかかえている。一日として手を抜くことができない。何日かかるか分からないのだ。では、孤独な死に瀕しているかもしれない一人の人間を打ち捨てておくのか。島の人々は二つに一つを選ばされることになる、うんぬん。

これで、クーリン・ヒルズに直接立ち向かうルートを素人のわたしが検討するのは、そもそも論外であることがはっきりした。むろん、内陸からではなく、磯づたいのルートもあるにはある。こちらのほうが行程は一見容易に見える。だがそう見えるのは地図の上だけであった。調べてみると、ルートの終盤に高波に洗われる箇所があって、風の強い日にそこを通り抜けようとすれば、あっというまにさらわれかねない、と案内書に書いてあったからだ。

たといそうでなくとも、スカヴェイグ湾のあのありさまを見たあとでは、この時期には、クーリンを谷間の道から攻めるよりも、磯を伝って行くルートのほうがはるかに危険であることは、人におしえられるまでもないことだった。

念のために詳しい地図を買ってきて、その磯づたいのルートを子細にわたしは見た。するとバッド・ステップ(悪路)と名づけられた地点があったのには驚いた。高波にさらわれる恐れがあるという地点がきっとその場所にちがいない。いわばスカイ島の親不知というわけだ。

地図に記載されているくらいだから、こんな風の強い日のその場所は、いったいどんな波が打ち寄せているのだろう。広げた手のような分厚い波が、岩に張りついている自分の背中に襲いかかるのがまざまざと思い浮かぶようだ。一瞬にして五体はばらばらになり——いや、霧にもなりかねない。

そうすると、やはり湖の背後から攻めるより方法はなさそうだ。山登りに習熟していない素人が、最も安全なルートを選ぶとすれば、唯一残されたルートは、歩くだけでも往復七、八時間はかかる「長くて疲れるコース」しかない。

それは、グレン・スリガカンという長い大きな谷間を通って行く道である。ルートの最後に、尾根に登る二、三百メートルのスクランブルが待ち受けているが、それをのぞいてうんときつい登りはなさそうだ。

その代わり、途中に橋のない川がいくつかある。足を濡らさないためには、少し下流に迂回しなければならない。川のなかにところどころ姿を見せている石があって、それを飛び石がわりに利用するのだ。

このルートを取った場合でも、湖をゆっくりと見るためには二時間は必要だから、合わせて十時間以上はかかると踏んでおいたほうがよかろう。

雨具とマウンテン・ブーツはかならず用意しなければならないとあるが、これはカンバーランドの湖水地方で、ヘルヴリン山に登ったとき使用したもので間に合いそうだ。もちろん、そのほかのこまごましたものも必要ではあるが、この日はもうポートリーの登山用品店に出かけている時間がなくなった。

しかし、翌日が日曜日だということをうっかりわたしは失念していた。買い物に行くのはあさって月曜日以降でなければならない。したがって決行は早くとも火曜日ということになる。つまりあと三日間はどうしても滞在を延ばさなければならないわけだ。

わたしがコルイスク湖のことをあまり根掘り葉掘り聞くので、フラットの奥さんのサンドラさんが、本を一冊貸してくれた。背表紙が剥がれかかった、じつにみすぼらしい、しかも古い本である。おまけに水に濡らしたことがあるのか、それともカビにやられたのか、大きなみにくいシミがあった。しかし読み出すと、これが無類に面白いのである。

J・A・マカロックという人物が書いた本であった。書名は『霧の島スカイ島』。マカロックはポートリーにある聖コロンパ修道院の院長をつとめた人で、本の扉を開けると、マクドナルド一族とならぶスカイ島の二大士族の一つ、マクラウド一族の当主に宛てた献呈の辞が記されていた。

初版は一九〇五年にスターリングのマッケイ社から出ている。わたしの目の前にあるのは第五版、一九三六年に出版されたものであった。二十五年間に五回も、同じ版元から版を重ねていることになる。ロングセラーと言っていいだろう。たんなる好事家が著わした郷土史などではない。たとえばクーリン・ヒルズに関するこんな伝説が記されている。

……クーリンの山々は物寂しいところである。しかしもしも次の物語が真実を伝えていると考えてよいならば、山中のどこかには黄金が埋蔵されているはずである。

ずっと以前、ダイヴェガン(島の北西部にはいまでもその村があり、マクラウドの居城がある)の人々は、一族のなかの一人がだれにも無断で、ただ一人で家をあけ、何日も帰ってこないことがよくあることに気づいた。かれはしばらくすると帰宅するのだったが、常に黄金の魂を携えていた。かれはそれを金に換えた。人々はかれが悪霊の餌食にされているだと信じて疑わなかった。かれが売っているのは黄金ではない、ほかならぬ自分の魂だ、と人々はうわさし合った。

ある日、かれは長い不在ののち帰宅した。だが疲れ果てて病いに侵されていた。よろめく足取りで家のなかに入ると、僧を呼んでほしいと頼んだ。僧がやって来るとかれはこう言った。もはや自分は助からない命だが、恐ろしくてならないのだ、と。僧は、黄金を手に入れることになった次第を打ち明けてみてはどうかと勧めた。そこでかれは物語った。

ある晩のことだったが、自分はカイリンの尾根と尾根のあいだで道を見失った。そのうち一つの洞窟を見つけた。そこに入って横になり、夜を過ごすことにした。朝が来て目が覚めた。洞窟の壁という壁が奇妙な印でおおわれているのに気がついた。よく見ると黄金であった。興奮でからだがふるえた。手に取れるだけ取り、残りはそのままにした。

しかし、洞窟を立ち去る間際、自分の前にもだれか見知らぬ訪問者がここに来たことがあったのを知った。洞窟の入り口のところに、人間の骨とぼろぼろになった靴があったからだ。ぞっとしてあわてて逃げ帰った。

だが、欲望をおさえることができなかった。

寂しい山を押し分け、ふたたび不思議な洞窟に舞い戻った。これをいちどならず繰り返した。なにか脅かすものが現われたりしたわけではなかったが、自分のなかでなにかが変わりつつあることに気づいた。やがて、悪霊によって自分は魂をさかさまにされたことが分かった。もうおしまいだった。

物語を語り終えると、哀れな男は息を引き取った。以来、その洞窟を捜し当てようとしてなんどとなく探索が行われたが、ついに成功しなかった。

山々は依然として今日もその秘密の場所を守り続けている。この場所に君臨する太古の静寂を人間の足音が掻き乱すとき、つねに山同士があたかも互いに謎めいたうなずきとささやきを交わし合うかのように見えるのも、おそらくそういうわけであろう……。

以上、興味深い物語だが、いつごろ語られ出したのであろうか。クーリン・ヒルズとロッホ・コルイスクが、長いあいだいかに人跡稀れな場所であったかを如実にうかがわせるような話である。

読んでみると身にしみるものがある。この哀れな男の姿が、旅人である自分の目先にちらつくようでもあった。要するに、おれもこの男と同じようなものではないだろうか。いったいおれはなにを求めて、クーリン・ヒルズの彼方のその湖を見に行こうとしているのだろうか。ターナーの絵が分かりたいためか。それとも、ただ、絵のなかの風景を実際に確かめてみたいだけなのか。

ウィンダミア湖のほとりで、毎晩コルイスクの絵を熱心に見ていたときには、この問いに対する答えは、あまりにも自明であると思われた。少なくとも自明であるような気がしていた。ターナーのコルイスク湖が放散しているエネルギーを、実際の景観を目の当たりにすることによって、自分の内部の経験とすることが出来るかのように思っていた。

だがいまは、自分がコルイスク湖に託して捜し当てようとしているものが急に分からなくなってしまった。分かっているのはただ、胸のなかにあるなにかがわたしに向かって、そこへ行けと命じていることだけである。

また、修道院長がこんなふうに述べていることも、わたしを考え込ませる原因の一つだったかもしれない。

……多くの人々がロッホ・コルイスクについて語ってきた。しかしどの叙述も、まだなにか語り残されたものがあるという印象をまぬがれない。あらゆる細部にわたる叙述が示されてはいる。しかし依然としてそこには欠けているものがある。それはこの場所の霊である。おそらく、ダンテまたはシェリーだけがそれに応えることができるかもしれない。同様にあらゆる画家たち、トムスン、ダニエル、ホレーショー・マカロック、ターナー、マクワーターなどのうちで、ターナーだけがこの場所の霊をとらえるのに成功した。なぜなら、ターナーは細部をまったく顧慮しなかったからだ。いったいどのような魔法を用いて、ターナーはその「場所の霊」なるものをつかみ出すことが出来たのであろうか。

マカロックという名前は、わたしにもう一人の同姓の人物を思い出させた。それはジョン・マカロック、地理学者である。ウォルター・スコットの友人でもあった人物である。

一八一三年秋、スコットの詩集のための二十四枚の挿絵を版元のロバート・カデルから依頼され、ターナーがその着想を得るためスコットランドにスケッチ旅行をしたとき、スコットはきっと、マカロックの論文をあらかじめターナーに紹介しておいたにちがいない。少なくとも、ターナーがマカロックのスカイ島に関する論文を読んでいたことは十分にあり得る。

ジョン・マカロックの著書『スコットランド高地地方並びに西部諸島』(一八二四年)そのものに触れることはできなかったが、手元にあるジョン・ゲージの『ターナー——驚くべき精神の広がり』(一九八七年)には、マカロックのかなり詳しい引用や言及が含まれている。ゲージのテーマ主義的研究方法は、画家の技法、修練、製作手順を細密に跡づけていた。ターナーがおこなった頻繁な旅、古今の巨匠たちとの出会い、後援者や同時代のさまざまな分野の著述家などとの交流が、作品の一つ一つにどのような反響や影響をもたらしているか、それをゲージは実証的に分析しようとしていた。ターナーのロッホ・コルイスクが描かれた前後の事情を想像してみようとするなら、本書は格好の資料でもあるだろうと思われた。だからこの本に引用されているマカロックのコルイスクの描写をわたしは繰返し読んだ。

……いきなり目の前にその湖が現われたときには、まるで魔術師に連れ去られてアラビア物語の魔法にかけられた荒れ地にでも運ばれて来たのではないかと思われた。いやそれとも、人里離れたコーカサスの不可思議な奥地に存在する魔法の住みかに連れて来られたのであろうか。およそこの谷間を最初に見たときの光景ほどわたしの目を欺いたものはなかった。

形態も単純なら配置もまた単純であったが、すべての部分は驚くべき均衡を保っていた。それはなにものとも比較を絶していた。谷間の長さは約一マイルぐらいであったろう。また、湖の広さも数百ヤードを出てはいないであろう。しかし、なにもない虚ろな場所に、ただ一つ、斑点が目に入った。それは一本のカバの木であった。そして百もあろうかというおびただしい数のせせらぎ。それらは手も届きそうなくらいの近さに感じられたが、それでいて水の流れの音は耳に届くことはけっしてないのだった。

はるか遠く、突き出た先端のあたりに視線を投げると、柔らかな灰色の大気の向こうがただぼうっとかすんで見えるだけである。わたしは歩を進めた。すると、あたかも小石を撒き散らしただけのように見えた地面が、いくつもの大きな岩石の塊におおわれているのだった。それはわたしのはるか頭上に聳え立っていた。まるで自分が巨大な風景のただなかで、一匹の昆虫にでもなったような気がした。こうしてこの場所の持つ重量のすべてが、一挙にわたしの感覚のなかに押し寄せて来たかのようであった……。

このようにマカロックは書いていた。それを読んでわたしはこんなふうに考えないわけにはいかなかった。おそらくある特定の場所、ある特定の風景には、偉大な個性とか大いなる魂と言ってもいいものがあるのだ。また、それがひときわ強烈に感じられるような場所なり風景なりがあるのだ。だが、たとえターナーの絵が描かれた場所におもむいたとしても、それだけでターナーの絵が分かるなどということにならないのは分かりきったことだ。ライン川を見たときにわたしはいちど幻滅を味わっていた。それと同様に、実際にこの目で見れば、なんという凡庸な風景かと失望しないともかぎらない。おそらくわたし自身が、非凡なものを平凡さに徹した目で見るのでないかぎり、また平凡なものをその平凡さを破るまで凝視し抜くのでないかぎり、ターナーを分かることなど出来ないのではあるまいか。

ターナーの非凡さにたじろいではならない。だがそれと同じように、景観の平凡さにもたじろいではならない。非凡を非凡に描くのがむずかしいのではないのだ。平凡を描きながらそれを超えることのほうが、はるかに至難の技なのだ。平凡であることにたじろがず、非凡であることにたじろがず、平凡のなかに非凡を描くことができるかどうかが肝心なのだ。いつしかわたしは自分自身にそう言い聞かせようとしていた。

かりにコルイスクが確かに絵になるところであるとしよう。しかしそうだとしても、ターナーは、その風景のピクチャレスクな性格、非凡な性格に依存して、コルイスクを描こうとしたのであろうか。むしろターナーは、どんなピクチャレスな景観を前にしてもそれを凝視し、凝視の力で平凡な景観にいちど解体しようとしたのではあるまいか。

ラスキンによると、ターナーはスケッチの段階ですでに構図が確定してしまっているのが常だったという。だがそれは、非凡な芸術家の非凡な手腕を物語っているだけなのであろうか。

どんな非凡な景観であろうと、その景観をかたちづくっている一つ一つの要素を考えてみれば、それぞれはどれも平凡ではないか。岩石の種類、植物の生態、水の成分、雲の動き、風の方向、気温、時間、そしてその景観の前に到着するまでに画家が経験した一連のできごと(どこで泊まり、乗り物はなにを用いたか、どういうものを食べたか、気分はどうか)などなど、どれをとっても平凡でないものはない。だが人間は、それら平凡な要素に影響されずにすまない存在なのだ。平凡な要素ばかりでかたちづくられた精神と目の状態のなかで生きている存在なのだ。

これらの一つ一つそれ自体は平凡以外のなにものでもないとしても、それを一つのコンポジションとして芸術家が縫合するときには、縫い合わされた形跡はことごとく消え去ってしまう。それは一つの景観そのものでありながら、同時に芸術家の内面にかたちづくられた風景となってゆく。

わたしはターナーのたとえば『ファイド峠』（一八四三年）などを思い浮かべていた。その絵を精密に論じているラスキンの『近代画家論』のなかの数節を思い出していた。

湖水地方に滞在した七月から八月にかけて、わたしはラスキンの『近代画家論』を読んでいたと書いた。その第四巻の「ターナーの地形学」を扱った部分は、前述第一巻の「大地の真の形態について」をさらに拡大敷衍している。ラスキンは、アルプスの聖ゴットハルト山岳地帯付近のファイド峠とティチノ川を描いたターナーの『ファイド峠』が、実際の景観とは著しく異なっているにもかかわらず、どうしてすぐれた芸術作品となり得ているのかということを詳しく論じているのだが、それに先立って次のようなことを述べていた。

……見ないものを描くのはどんな場合でもまちがいである。この法則は不変である。しかしその場合、ある人々は存在するものだけを見るが、ほかの人々は存在しないもの、あるいは一見存在しないものを見る。そしてもしかれらの目にこれらの一見存在しないものがほんとうに見えるのならば、それを描くのはまったく正しいことである。まちがっているのは、人々が一見存在しないものを描こうとする場合、実際にはかれらに見えていないのに、けっして見えるはずのないものを存在させようとして、計算したり構図を作ったりできると考えることである。

もしもある人々が、他の人々にはただの空白としか見えないところに、ほんとうの天使の姿を見ることができるのならば、天使の絵を描くがよい。ただし、天使についての前もって計算されたなんらかの原理にもとづいて、自分は天使も描けるのだなどと考えたりしてはならない。

それゆえ、もしもわれわれがある場所におもむき、そこに現にあるもの以外のものを見ることができないのならば、よけいなものをなに一つ描いてはならない。純粋に地誌学的に描くかまたは歴史的な風景画家のままとどまるべきである。

もしもその場所に行ったときに、そこに存在するもの以外のものが見えるならば、そのときはそれを描いてもよい。いや、望むと望まないとにかかわらず、それこそが描かねばならないものである。なぜなら、自分につかむことができる唯一のリアリティとは、まさにそれにほかならないのだから……。

ラスキンがここで言おうとしていることは明白であろう。ある場所に行き、そこに現にあるもの以外のものを見ることができないときは、見るはずのないものをなに一つ描いてはならないというのだ。

しかし他方で、そこに存在するもの以外のものが真に見えるならば、画家はそれを描かねばならない。情景の事実のあるがままをたんなる出来合いの技法によって提示するのではない。事実が自分の心をくぐり抜けるときに残した印象こそが、画家が描かなければならない「事実」なのだ。なぜなら芸術家にとってのリアリティはそれ以外にはあり得ないからだ、とラスキンは言うのである。脳裡にロッホ・コルイスクの絵が現われては消え、消えてはまた現われた。わたしは気持ちの準備がようやく整ってきたような気がした。

精神的な意味での飢渇感を書物で癒そうとしたと言えるならば、文字どおりの食欲を満たしてくれたのは、家主の計らいによるところが大きかったと言わねばならない。

家主ボブ・ダヴィッドスン氏は漁師なのである。家の周りにモーターボートのエンジンの古いのや、金網の箱や、丸いガラスの球や、板や棒などが、雑然と並べてある。どれも漁に使う道具ばかりだ。だが、本人がわたしに話してくれたところによると、以前はエディンバラで会社勤めをしていたそうだ。海が好きだったので会社を辞め、スカイ島に来てこの仕事を始めたのだという。いわゆる脱サラ組らしい。五十にはまだなっていまい。わたしより二つ三つ上ぐらいだろう。ただし、奥さんのサンドラさんはこの島の生まれ。細面の背の高い女性だ。目が素晴らしい鳶色をしている。笑うとその目がいっそう生き生きして見える。

コルイスクに行ったことがあるかどうか聞いたら、十代のときにたったいちどだけ見たことがあると彼女は言った。どんなところかと重ねて訊くと、彼女は笑って首を横に振っただけだった。コルイスクを見たくてスカイ島に来たのだ、とわたしが言うと、彼女はさらに笑っただけだった。どうして笑うのだろう。だが、その笑顔には思わせぶりなところはまったくなかった。照れ笑いではもちろんない。スカイ島に来て、スコットランドに来て、いや英国に来て、こういうふうに笑う女性を初めて見た。わたしもつられて笑った。気持ちがよかった。ダヴィッドスン氏に、エディンバラの都会生活を捨てる決心をさせたのは、おそらく彼女のこの笑顔だったのかもしれない。

彼女の屈託のない笑顔を見ていたら、疑念がまたわたしの胸をよぎった。もしかすると、コルイスク湖というのは、十九世紀のロマン主義者たちが思い入れでこしらえあげた空想であって、やはりほんとうはごくごく平凡な湖にすぎないのではなかろうか。しかし、それならそれでもよいではないか、とわたしは自分に言い聞かせた。わたしはわたしのコルイスクを見て来るだけのことだ。

サンドラさんに、魚介が少し手に入らないだろうか、と訊いてみたのはそのあとだ。夕方、ダヴィッドスン氏がムール貝と帆立を大皿に山盛りにして持って来てくれた。

それに、これはおまけだといって、プローンとスクォット・ロブスターも付けてくれた。およそ一キロずつ入った袋である。値段を聞くと四ポンド。日本円にして千円かそこらだろう。そのあと、サンドラさんがまた顔を出し、海老の食べ方のコツをおしえてくれた。

スクォット・ロブスターというのは squat というくらいだから、ずんぐりしているところはいくらかシャコに似た感じ。頭は初めからもいであった。プローンのほうは車海老ぐらいの大きさ。まだ長い爪を動かしているのもある。真っ黒い色をした卵を腹の下に抱えているのが何匹もあった。

こういう機会もあろうかと思って、取っておいた小袋入りのワサビと醤油をテーブルの上に準備しておいてから、まず塩茹でに。笊を開けて湯を切り、殻ごと皿に盛る。シャブリのワインの栓をいきおいよく抜いたことはいうまでもない。

殻を剥くのも造作ない仕事。コツがあって、あらかじめおしえられていたとおりにやってみると、パチッとはじけてスルリと剥ける。ちょうど天津甘栗を剥く要領である。

ロブスターのほうが sweet だと奥さんが言ったとおり、ボイルしたあとでもどこか甘海老を思わせるうまさである。

こんどはこれをバター焼きにしてみる。塩と胡椒を振りかけ、こんがりし始めたところにパセリをあしらう。バターと塩が中まで通り、これもこたえられない味。寿司屋で出す海老がときおりそうであるのとちがい、べちゃっとしてないところがいい。

このイキのよさと腰の強さは、大西洋の水のなかを跳ね回って鍛えたものだろう、さすがだなあ、などと理屈だか屁理屈だか分からないようなことをつぶやき、一人で勝手に納得した。

帆立はグリルで焼き、ムール貝は塩茹でにした。帆立は三陸などで取れるものよりも小振りで、直径五、六センチぐらいしかないが、その味のよさは日本のものに優るとも劣らない。小袋入り醤油を惜しみながらふりかけ、レモンを惜しみなくジュッとしぼる。

いっぽう、ムール貝のほうはずいぶん大きい。全部で四個あったが、いちばん小さいものでも殻の長さが十二、三センチ、いちばん大きいものは十七、八センチもある。そのまま熱湯に放り込んで口をひらくのを待つ。こいつがなかなかひらかない。なにか手順を誤ったかなと不安になって腕組みしながら見つめていると。目の前でいちばん大きいやつがガバッと口を開けた。帆立と同じように、醤油はちびり、レモンはたっぷり。空腹だったせいもあるが、山盛りあったのをほとんど十分かそこらで平らげてしまったのには、われながらおどろいた。

夜なか腹をこわした。

三　ロッホ・コルイスクへの道

一九九二年九月十五日

とうとうコルイスク湖を見て来た。こんな長い一日を経験したことはない。自分は十時間という長さを歩いて来たのだろうか。それともむしろ、十時間の道を背に負わされて帰って来たというべきだろうか。もしも後者だとするならば、まる一日たったがわたしはまだ歩き続けている。

きのう十四日、午前七時に起きて窓を明けると、東の空から日が差していた。雨も風もまったく止んでいた。

一昨日の夕方、外はまだ雨が降りしきっているというのに、家主のダヴィッドスン氏が「明日は天気がよくなる」とわざわざおしえに来てくれた。

それまで、天気がわるいうえに腹まで下してしまって、これではコルイスク行きは見合わせないわけにはいかないかな、と少々気持ちに迷いが出てきていた矢先でもあったので、にわかに元気づけられた。明日は天気がよくなるというのは地元の漁師の言葉である。大げさに言うと、まるで託宣かなにかのように思われた。腹の調子などかまっていられないという気になった。

とはいうものの、夜半過ぎてもいっこうに雨の音、風の音が止まないので、やはり半信半疑の気持ちをぬぐいきれずにいた。それで、つい遅くまで地図やガイドブックや元修道院長の本を読み耽ってしまい、起きたときには少々寝すごした気味があった。ただし、あらかじめ弁当を準備しておくのを忘れなかったから、そうあわてずにすんだ。スーパーでカリフォルニア米を買ってきて作った握り飯である。なかの詰物はスモークしたスコティシュ・サーモンのスライスを炙ってほぐしたもの。ほかに茹で玉子、リンゴ、オレンジ、チョコレート、ジュースなど。

起点でもあり、ベースキャンプでもあるホテル・スリガカンのフロントにメモを置いたのが、九時を過ぎたころ。数日前に直接ホテルの従業員に訊きに行き、出発前にホテルにメモを残すことを確認しておいたので手続きは簡単だった。車の登録番号、住所氏名、帰還予定時刻(午後七時)を書き込み、ホテル裏手の駐車場に車を置かせてもらう。すべて無料である。

グレン・スリガカンからの広い谷間を行く長い道のりは、最初のうち平坦で優美な景観が続くだけであるかのように見えた。谷間の左側約四分の一ほどに、朝日が山の影を映している。谷間、山麓のあちこちで、羊が草を食んでいるのんびりとした風景が見られる。空気は清々しく、谷間をわたってゆく朝の風も身を切るというほど冷たくはない。

ところが歩き出して十五分もたってみると、これほど歩きにくい道もないということを思い知らされた。元修道院長マカロックの本に書いてあったとおりであった。

……歩みを一歩進めるごとに道は荒れてくる。粗野な山々が間近に迫り、ついにそれらの山の陰を歩くことになる。そして次第にその深みのなかに入って行く。

しだいにごろごろした石だらけの道となり、まるで干上がった川床を思わせる。雨が降るたびに、道は川に早変わりするにちがいない。そうかと思うと、家畜小屋みたいな黒いぬかるみ。これは山には木が一本も生えていないので、雨水がもろに山肌を流れ下り、地肌を削り取りながら押し流すためであろう。

くるぶしを唸ったり、滑って尻餅をついたりしないように、気を配らなければならないから一瞬も気を抜けない。

わたしのはるか前方を、一組の男女がゆっくりと歩いていた、かれらを追い越したのは「ナナカマドの岩」と呼ばれる岩の手前であった。

山歩きの服装はしているが、なんとなくこざっぱりした感じである。年金暮らしの老夫婦かと見受けられた。挨拶のつもりで二、三言葉をかけると、老人のほうが、きのうまでの雨で川が増水しているから、渡るならずっと下流に回ったほうがよい、石が集まったところが堤防のようになっているから渡りやすいはずだ、とおしえてくれた。ここをときどき訪れているらしかった。だが、かれらの歩くペースでは、コルイスクへ行って帰ってくるのは、一日ではちょっときついだろう。

やがて「ナナカマドの岩」を通りすぎた。だがナナカマドはおろか、ろくに草も生えていないただのごろりとした大岩である。雨に根を洗われたか、それとも育ちすぎたかして、ずっと前に風に倒されてしまったのだろう。ところがその岩の上のほうでなにかものの動く気配がする。見上げると大きな羊が一頭、岩のてっぺんに姿を現わし、黙ってわたしを見下ろした。

ここいらの谷間は古戦場で、二つの士族、マクラウド一族とマクドナルド一族が、かつて一再ならず死闘を繰り広げた場所である。かれらは互いに縁組を交わして和平の証としたが、それ以上に殺し合うほうが多かった。アレグザンダー・スミスの『スカイ島の夏』(刊行年不詳)に、「両者は互いの指に結婚指輪をはめ、互いの胸に短剣を突き刺した」と書かれていたのが思い出されたりした。ドクター・ジョンスンは、イングランドのスコットランド政策は誤っていると考えていた人であったが、啓蒙主義者としてのかれにとってとうてい許容できなかったのは、バグパイプを奏しながら敵を家族ともども焼き殺したり、また首を切ってうず高く積み上げるのを自慢したりするような、スコットランド士族の残酷で野蛮な風習であった。

だが、その血腥い歴史を語り告げるものもいまは跡形もない。わたしの耳には、湿地に生える背の低い草原のあいだを朝の風が吹き抜けて行くサヤサヤという音が聞こえるだけであった。

こんなに静かな、こんなに美しい、しかしこんなに足場のわるいところで、士族の名誉を賭けた男たちが血みどろの戦いを繰り広げたということが、容易には信じられなかった。

左手を振り仰ぐと、頭上を圧するように迫って来ている山がある。マースコ山である。レッド・クーリン山系に属している山だ。遠くから見ると、確かに赤い山に見えないことはない。しかし谷間の内側に歩み入って、それ自身が投げる深い影のなか、山麓の道をたどりながら見上げると、マースコはむしろ黄色い山なのであった。

それは、谷の外に面している南側の斜面では、山肌をおおう草が夏の終わりとともに急速に赤茶色に枯れ始めるが、谷間の内側となる北側斜面では、まだ葉の色が黄変したままの状態を保っているためである。

いっぽう、右の谷間の反対側に見えているのは、スクー・ナン・ギリアン山の長い稜線。これは馬蹄形をなしてコルイスクの湖を囲んでいる黒いクーリン・ヒルズから東のほうに向かって、一本の角か尻尾でも生えたように分岐している尾根だ。その端がスリガカン・ホテルの近くまで伸びて来ている。

だから、わたしが歩いている方向から見た場合、ブラック・クーリンの山々は、このスクー・ナン・ギリアンから始まると考えてもいい。南に面しているにもかかわらず、あたかもそれ自体が自らの影であるかのように真っ黒い色をしている。木や草の色ではない。木は一本も生えていない。草も生えていない。だから山そのものの色なのである。スコットは『群島の領主』で、ブラック・クーリン・ヒルズは剥き出しの花崗岩の魂であると書いていた。

スカイ島にある山は、これほどの北方に位置しながら、冬になってもけっしていわゆる雪山にはならないと言われる。ごくうっすらと雪をいただくことはあっても、山肌を覆いつくすにはいたらない。これは、暖流であるメキシコ湾流が大西洋を北走し、ヘブリディーズまでやって来るためである。

そのなかでもけっして冠雪を見ないのがブラック・クーリンである。一年中黒い山肌をさらし続けている。磁気を帯び、草木一本生えず、ただひたすら黒いだけの累々たる岩の塊。「あたかもここでは、吹きさらしの山の斜面、夏の太陽や春のあまやかな霧で色とりどりに装うことが許されてはいないかのようだ」(スコット『群島の領主』)

自然は偶然をよそおいながら、ときとして人間にはその真意がはかりかねるような、謎に満ちた表情を見せる。スクー・ナン・ギリアンの優美と粗野が入り組んだような、単純であると同時に複雑な稜線もまたなにか不可思議な意図を秘めているかのようだ。判じ絵か影絵さながら、そこに込められた謎の意味を、そこに侵入しようとする人間に解かせようとしているかのようであった。

もっとも初めのうちわたしにはそれが、一つの明瞭な形象をわたしの眼前に映し出して来るかのように思われた。川を渡り歩を進めるにしたがい、かたちを変えて行く稜線は、こんどは歯を剥いて笑う男の顔になった。仰向けに横たわりながら空を向いて笑っている男の顔だった。

いちどそういうふうに見えてしまうと、それはもはや男の顔以外のなにものでもなくなった。おれがだれだか当ててみろと言わんばかりだ。おまえに当てられるものか、と嘲笑っているようにも見える。いったいだれの顔だろう。知っている人の顔のようだが。それもよく知っている人間の顔。ひょっとして自分の顔ではなかろうか。いやちがう。おれの顔ではないな。おれの笑いはあんな笑いではない。だれか他人の顔らしい。あいつだろうか、それともあいつか、それとも……。

突き止めないうちは気持ちが釈然としないからついそっちに気を取られる。するとてきめん、足元の注意がおろそかになる。安定のわるい石をうっかり踏み、くるぶしを捻挫しそうになった。ぬかるみで滑ってあやうくつんのめりそうになった。その笑いを、どのように判読したものかと考えあぐねながら、わたしはなんども足を滑らせた。

上天気にめぐまれたと思っていたが、ぽつぽつ降り出してきた。だが防水コートを用意してきたのはこのためである。リュックから雨具を引っ張り出しながら振り返ると、わたしのうしろにいた老夫婦が引き返して行くところであった。その代わり一人の男がこっちへ向かっている。その足取りの素早いこと。悪路だろうがなんだろうがへっちゃらといった軽快さだ。ひょいひょいと飛び跳ねるような具合に歩いて来る。

出発前に、その男に似ただれかの姿をホテルのフロントで見かけなかったろうか。記憶を手繰ろうとしたが思い当たらない。とするとわたしよりもずっとあとから出発したことになる。それがもう追いつかれそうだ。つまり、わたしの歩速よりもはるかに速いということになる。

山歩きなどで、雨具を着用しなければならないことほどうっとうしいことはない。というのは、それを着て歩くとたちまち汗で全身びっしょり濡れるからだ。その意味では、濡れるのを防ぐために着用する雨具は無意味である。だが、雨が降り出したら雨具を身につけるのは山歩きの鉄則である。なぜなら雨は体温をうばうからだ。からだの表面温度が冷えることによる体力の消耗率は当人の自覚を越えたものがある、と以前に山歩きのベテランから聞いたことがあった。

さいわい天気はふたたび持ち直してきた。もういちどリュックに雨具をおさめる。まもなく往路行程の大詰め、ドゥムーイン・ヘイン山がスクー・ヘイン山につながる鞍部の直登にかかった。約三百メートルのスクランブルだ。ガレになっているうえに、地面が雨のため濡れているので、三時間歩き続けた脚ではしたたか応える。はあはあ息を切らせながら喘いでいると、ここでうしろから追い越された。

横目で見ると半袖、半ズボン、それになんとリュックの代わりにポシェットを腰に巻いているだけの軽装である。雨具など用意してあるとも見えない。滑りもしないでとっとと登って行く。靴の裏に吸盤でもついているのかと思う。追い抜きざま、わたしに一言挨拶を残した。Hello! それを「ヘッ、ロウ」と区切るように発音した。ロンドンあたりから来た学生にちがいない。ほうほうのていでわたしが尾根まで這い上がったときには、かれの姿はもう見えなかった。時計を見ると午後一時すぎ。ここで昼食にする。


尾根といってもがらがらした岩場である。湖水はまだ視界に入らない。ここからルートが二股に分かれる。右手は湖畔に降りて行く道であるが、左はスクー・ナ・ストゥリ山の山腹に沿いながら、突端にある見晴らし台に向かう道である。わたしが向かうのは左の道でなければならない。ターナーが構図を決めた地点は見晴らし台のはずだからである。

弁当を食べ終わって立ち上がる。右手の道が大岩に沿って蛇行しているあたりを、湖畔に向かって降りて行くさっきの青年のうしろ姿が目に入った。すでにその姿は小さい。歩き出してまもなく前方にピラミッド型の塚が見えた。道から少しはずれて、十メートルばかり突き出した岩棚の端にモニュメントがある、とガイドブックや地図に書いてあったがたぶんそれであろう。

数十年前にここで遭難した人があった。鎮魂のために一つの塚が建てられた。高さ二メートルぐらいの四角錐である。底辺の長さは一辺が一・五メートルぐらいであろうか。なにか碑銘が刻まれているようだが帰りにもっとよく見ることにしよう。いまは時間が惜しい。

そのモニュメントを右手に見ながら通り過ぎてまもなく、岩鼻を回るといきなり断崖の上に出た。眼下にはコルイスク湖の黒々とした水面が横たわっていた。とくに展望台などがあるわけではないが、ここがターナーがスケッチをした地点にまちがいないと思った。

ターナーは滑落の危険を冒してつるつる滑るむき出しの岩をよじ登り、ここからこの場所が持つ感覚的雰囲気を完璧にとらえた、とウォルター・ソーンベリーも『ターナー伝』(一八七七年)に書いていたあの地点である。

足場がよくないので滑らないように気を配らなければならない。踏み外したら断崖をまっさかさまである。ターナー自身、首の骨を折るところをあやうく助かったのは、手近に生えていたわずかばかりの草にしがみついたおかげだった、とこれもソーンベリーが書いている。高所にはなはだ弱いわたしはめまいがするようだった。

ありていに言えば、案の定わたしが眼前に見る実際の景観は、ターナーの絵のなかのコルイスクとは似ても似つかないものだった。湖水地方でスコット詩集のエッチングを見たとき、わたしは「大地からごっそり引き抜かれた山々が、いままさに空へ巻き上げられて行くところだ」と感じたのであったが、山は淵のまんなかから突き立ってはいなかったし、霧は出ていたが渦巻くというほどでもなかった。同心円をなしてもいなかった。やはりな、とわたしは胸のなかでつぶやいた。

コルイスクは、その淵の面にときどきさざ波が紋様を描くだけでひっそりと静まり返っていた。かたちは細長く、水の色は蒼い。『群島の領主』のスコットによる自註には、「湖の長さおよそ二マイル、幅半マイルの深淵である」とあった。かりに一マイルを一六〇〇メートルとしてこれをメートルに換算すれば、長さ三二〇〇メートル、幅八〇〇メートルとなる。手元に持ってきたローズのガイドブックによれば、長さ一・七五マイル、幅〇・二五マイルであるから、スコットの目測は長さについてはほぼ正確と言えても、幅に関してはややちがっていることになる。

だが、一世紀半の時のうつろいが山容を絶えず変化させていることを考慮に入れるならば、三方から流れ込む土砂や瓦礫の堆積が、いつしか湖の形態を徐々に変化させて現在のようにしたのでないとは言えない。ついでに言えば、ローズのガイドには海抜二五フィート(一フィートを〇・三メートルとして約七・五メートル)、水深一二五フィート(同約三七・五メートル)とある。

耳を澄ましてももの音一つ聞こえない。と言いたいところだがいつのまにかわたしの背後に数人の若い男たちがいて、さかんにドイツ語をしゃべり始めた。五人か六人のグループである。なにか冗談を言い合っている。しきりに歓声をあげる。よく分からないが、どうやら岩山の一つがその仲間の一人の顔にそっくりだというので冷やかしているらしい。このはしゃぎようでは、ヨーデルでもやり出しかねないと思われた。ちょっとかんべんしてほしいものだが……。

しかし、かれらはものの十分もその場にいなかったろう。長居する気は毛頭ないらしかった。見るものは見たし、もうここにいてもしょうがないといったふうに、全員くびすを返して帰って行った。まるで修学旅行である。やれやれ。

陽気にふざけ合うかれらのうしろ姿を見やりながら、わたしは元修道院長マカロックが書いていた言葉を思い浮かべていた。

……これらの厳めしい頂きが、いま現にあなたを取り囲み、そして風の音、せせらぎの音、それらの一つ一つがささやきとなって消えてしまってからでさえ、それらはあなたの思念そのものをとらえようとして、ひたすら耳を傾けているかのように思われよう。これらの大いなる石の巨人たちは生き物なのではなかろうか。あなたはかれらの不意をおそい、かれらのひそかな住みかを驚かせたのではなかろうか。あなたの胸はあなたの内部で高鳴るだろう。だが理性が感情を抑制する。そしてあなたは思い出す。結局かれらは山にすぎないのだと。しかし魂が平静を取り戻してからでさえも、山々は広大さや永遠の休息についてのおしえを、なおも魂に語りかけて止まない……。

理性と感情のせめぎ合い。それはドクター・ジョンスン流の合理主義とスコットやターナー流のロマン主義との対立と言いかえてもいいのだろう。だがわたしは、そういう言い方で自分の眼前の景色がちっとも見えてくるような気がしなかったのも事実であった。山を山にすぎないと感じるか、それとも広大さや永遠の休息についての比喩と感じるか、その感覚と精神のちがいと言うべきなのかもしれない。もしもあのドイツ人の青年たちが、「山は山にすぎない」派であるならば、当然わたしは後者ということになろう。ある種の山を見上げて、そこになにか超越的なものを感じるのはセンチメンタリズムにすぎない。だが、そのセンチメンタリズム以外に自分流の感じ方がなければ仕方がない。頭のなかでそんなことをつぶやいているわたしの脳裡に、もう一人のマカロック、地理学者のマカロックの例の言葉が誘い出されるように浮かんできた。

……まるで魔術師に連れ去られ、アラビア物語の魔法をかけられた荒れ地にでも運ばれて来たと思われる。およそこの谷間を最初に見たときの光景ほどわたしの目を欺いたものはなかった。あたかも小石を撒き散らしただけのように見えた地面が、いくつもの大きな岩石の塊におおわれていた。それはわたしのはるか頭上に聳え立っていた。まるで自分が巨大な風景のただなかで、一匹の昆虫にでもなったかのような気がした……。

両マカロックが見たのは同じ景観だが、そこには観察と感じ方に微妙なちがいがあるようだった。二人のマカロックのうち、よりセンチメンタリズムに傾いているのは、いったいいずれであろうか。聖職者であろうか、それとも地理学者のほうであろうか。

わたしは、そのとき自分の心に生じて来た戸惑いにも似た気持ちをどう扱ってよいかはかりかねた。

地理学者マカロックが書いていたように、ターナーの絵でも、画面の手前、見晴らし台になっている岩棚の上に、腰を下ろした二人の人間の姿が豆つぶほどの大きさで描きこまれている。確かにそれは、二匹の「昆虫」のように見えないこともない。しかし、もしも昆虫だとしたら、それは人間の姿の矮小さを強調しているのか。それとも昆虫ぐらいのちっぽけな存在でありながら、それを超えたなにものかに向かう意志を象徴しようとしているのだろうか。

ゲージはそのターナー論のなかで、絵のなかに描き込まれた二人の人物のうちの一人はターナー自身にほかならないと言っていた。なるほどそう言われてみれば、その人物はスケッチに余念がないように見えないわけではなかった。

おそらくこの絵のなかに、ターナーが自分の姿を描き入れたということは、ターナー研究者のあいだではむしろ常識になっているのではなかろうか。ゲージが指摘するまでもないことなのだろう。というのは、ターナーは作品のなかに自分の姿を点描的に登場させることがけっして稀れではないからだ。コルイスクの絵に描き込まれた人物たちのうちの一人が画家自身であるということは十分あり得る。

目をあげると、ブラック・クーリンの尾根がひしめき合っていた。こんなギザギザした尾根はいままで見たことがない。もしもあるとすれば、この夏湖水地方で登ったヘルヴリン山取っ付きの稜線、ストライディング・エッジ以来だろう。ワーズワースは一八〇五年の夏、この山にスコットを伴って登った。

脚のわるいスコットがストライディング・エッジを平気で歩きながら、得意の話術で絶えずワーズワースともう一人の同行者を面白がらせていたという話をわたしは思い出した。(スティーヴン・ジル著『ウィリアム・ワーズワース、一つの人生』一九九〇年刊、参照)そうだとすると、さきほどのドイツ人たちのように、かれもまたしきりにはしゃいでいたのだろうか。わたしのなかで、ワーズワースについて言われる自然への没入というういかにもロマン主義的な観念が、スコットに同行してヘルヴリンに登って行くかれのイメージと、どうもうまく噛み合わないような気がした。いや、噛み合わせようとするこちらが、ロマン主義の画一的な「観念」に囚われているだけなのかもしれない。ワーズワースにしても、スコットにしても、かれらの「ロマン主義」はわたしがこれまで考えてきたよりも、じつはもっと非ロマンチックであるようなものだったのかもしれない。

頂きには始終霧がかかっていた。晴れ間から太陽の光が漏れると、それが山肌に当たって光線の帯ができる。光が縦や斜めに刻まれた皺の窪みを照らすと、陰影に複雑な動きを生じる。数日前にエルゴルで見たスカヴェイグ湾の霧の光景が思い出された。さながら一つの完璧な工程と思われたあの「霧」。風と波のあいだにある黙契があって、巧みに分業を成り立たせてでもいるかのように思われたあの凄まじいエネルギー。あの自然の劇場。それを通してコルイスクを見よ。……なにものかがわたしの心にそう語りかけているように思われた。

ラスキンが、ワーズワースとスコットの洗礼をくぐった人であることは言うまでもないが、かれがもしもその目でこの光景を見たのちに『コルイスク湖』を取り上げたのだったら、おそらくこんなふうに付け加えてもよいと思ったかもしれない。

……山肌に露出した地層のうねりとその運動は、また、風や雲や霧によって表わされる大気と天空の運動ともつながって行く。それらの物質と物質、現象と現象は、つながると思えばぶつかり、結び合っている。

エルゴルで見た波がしらのイメージがわたしの内側に突き立った。それはそのままロッホ・コルイスクとなった。凪に切り飛ばされる水の塊。まるで人間が首を刎ねられるようだった。空中で次の刃を食らってはじけ飛ぶ。首は雲散霧消し、凪だけが縦横に吹き荒れた。

前述したように、ラスキンがスコットランドに旅したのは一八五三年の夏のことであり、妻を弟子のミレーに奪われたのもこの旅行のときであった。むろんそれ以前もそれ以後も、ラスキンはスコットランドに出かけてはいる。だが、コルイスクを訪れたことがあるかどうかは分からない。眼下に穏やかなさざ波を作っているだけの湖が、わたしのなかで煮えたぎった。湖面から吹き上げてくる凪は冷え冷えとしていたが、わたしのからだはむしろ火照っていた。目だけがぼんやり湖面を眺めていた。時間はまたたくまに過ぎ去った。

時刻は三時を回ったところだ。すでに日はかげり始めている。上空から降りてきた霧が、みるみるうちに山頂をおおって行く。これ以上ここにとどまることができないのは明らかだった。ただちに帰途につかなければならない。

ふたたびモニュメントの建っている場所のかたわらを通った。時間があまりなかったが、わたしは立ち止まって彫り込まれた文字を読んだ。

「A・J・マリオン大尉の思い出のために。一九四六年六月、本拠点にて落命。遺骸は約二年のあいだ、同地点に臥せるも、現在はポートリーに眠る。一九三九年より四五年まで、ともに軍務に服したる戦友マイルズ・モリスン大尉、このケルンを積む」

二年のあいだ！　それは発見された遺骸がここに仮埋葬されたという意味でないことは明らかだ

った。こんな固い岩棚の上に、どうやって人間を埋葬できるだろう。そんなに長いあいだ発見者もなしに風雨にさらされたままだったとは。大尉の遺体はここでむなしく朽ち果てていたのだ。

このピラミッド型のケルンを積んだモリスン大尉という人はどんな人物だったのだろう。四十年あまりもたつのに、石組みが欠け落ちたり、緩んだりしているような箇所は一つもない。

石組みのみごとさに、友人を失ったモリスン大尉の思いが込められているようだった。おそらくはこの銘文もかれが自ら刻んだものであろう。石を一つ一つ積み上げ銘文を刻み込んだその手が、二人が深く心を許し合う親友同士だったことを暗黙のうちに語っているようであった。

しかし、その場所はとくに危険がありそうなところとも思えないのだ。遺体が発見された場所は、いま言ったように広い岩棚になっている。だから高所から落ちたはずはない。また遭難したのが六月のことであるから、凍死したはずもなさそうだ。六月といえば当地ではすでに夏なのである。あるいは落雷に打ち倒されたのかもしれない。あり得ないことではなかった。

だが、もっとあり得ないことではないと考えられたのは、運わるく落石に当たったのではないかという可能性のほうである。事実、モニュメントが建てられた場所の付近には、上の斜面から転がり落ちてきた大小の落石が散乱していた。

わたしはスワイアが書いていたことを思い出さないわけにはいかなかった。『伝説の島スカイ島』から前に引いた箇所である。あそこで著者が念頭に置いていたのは。じつはこのマリオン大尉のことだったのではないかという疑念が胸をかすめた。スワイアが例にあげた旅行者と同じように、かれもまた一人の不心得な旅人に過ぎなかったのであろうか。だがわたしの関心は少しちがう方向を向いた。

戦争直後にどうしてこんなさびしい場所にマリオン大尉はやって来たのだろう。ことのほかこの場所を愛していたからだということも考えられるが、それならばどうして、だれにも行き先を告げずに姿を消したりしたのか。二年間も遺体が収容されなかったということは、たんにコルイスクに出かける人がいなかったことを意味するだけではないはずだ。コルイスクとマリオンを結びつけて考えることが、かれを知るだれの頭にも思慮の外だったということであろう。

親友のモリスン大尉にさえ知られない孤独がマリオンの心に巣くっていたとしか考えられない。その孤独を癒やすものをマリオンはコルイスクに求めようと思ったのかもしれない。だが孤独を癒やすために孤独を求めたのだとすれば、ここへやって来てかれは孤独のうちに死んだことになる。

この塚の建っている場所から大尉は湖のほうを見つめながら、どのような気持ちで死を待ったのであろうか。死と隣り合った戦場での孤独と、この場所で死を待ちながら味わったであろう孤独と、大尉にとっていったいどちらが耐えがたいものだったか。この大尉のことをなに一つ知るわけでもないのに、わたしは自分の内心にわき起こった感傷を大尉の心に託し、勝手に混同した。しかし塚の前に立ちつくすわたしに顧慮することなく、時間は刻々と過ぎて行った。わたしの気持ちはまだ静められていなかったが、早々にその場を立ち去らなければならなかった。

ガレを降りる前にわたしは谷間の道を眺めた。道は蛇行しながら谷の果てまで続いている。その道の終わりとおぼしいあたりに、白いものがぽつりと見える。白い鮮やかな点である。スリガカン・ホテルの白壁が遅い午後の陽射しを照り返しているのにちがいない。しかし自分が四時間後でなければ帰り着くことのできないその場所が、はるか彼方にぽっちりと見えるというのは、なにか奇妙な心細さを感じさせる光景でもあった。

マリオン大尉の痛ましい最期に思いをめぐらせながらガレを下って歩き出すと、またしてもスクー・ナン・ギリアンが、じっとわたしの足取りを注視し始めているのが感じられた。それだけではない。こんどはクーリンの黒い山々そのものが不可解なまなざしをわたしの背中に向けているのだった。これらの山々に見守られるというよりはむしろ見張られながら、また四時間の道を歩かなければならなかった。

往路のあの苛立たしい疑問がふたたび頭をもたげ、わたしに追いすがった。スクー・ナン・ギリアンの笑いが嘲笑であるにせよ、微笑であるにせよ、自分がなにもかも見透かされていることだけはまちがいない。そんな気がした。ワーズワースやスコットに思いを馳せ、平凡さに徹した目で非凡なものを見るとか、また、平凡さを破るまで凝視し抜く目が大事であるなどと、風景と自分との関係について、ターナーとラスキンからさもなにか肝心なことを学んだかのようにしたり顔をして言ってみたものの、頭で考えるほどたやすくなにかを学べるわけがない。

うしろを振り返るとモニュメントがまだ見えていた。湖はすでに見えなかった。ターナーの絵がいまいちど脳裡に鮮やかに浮かび上がった。絵のなかの景観は、たしかに現実のコルイスクとも現実のクーリン・ヒルズとも異なるものだった。湖の姿も山の姿も全然ちがっていた。だが元修道院長が言ったように、ターナーが「場所の霊」を正確にとらえたとすれば、どうしてそれが可能であったのか。わたしは自分がその「霊」に触れたような触れなかったようなあやふやな気持ちだった。わたしの心がいま思い浮かべているのは風景そのものではなかった。むしろ、あの絵の前景に描き込まれた二人の人物のちっぽけな姿のほうであった。人物の一人が画家自身であった。かれは眼前の風景をスケッチしているところだった。

だが、果たしてそうだろうか。わたしのなかで懐疑が首をもたげた。二人の人物は、ゲージらターナー学者が言うのとは全然ちがうことをしているのではなかろうか。これは、コルイスクを見る前はいちども感じなかった疑問だった。

絵のなかの二人の人物は、確かに石の上に腰を下ろしている。もう一人は同行者でもあろうか。かれらは眼下に湖を見おろしている。だが、むしろかれらはこうべを垂れている。あるいは瞑目している。それは、スケッチにいそしんでいる姿であろうか。むしろ黙祷を捧げる人々のように見えないであろうか。

この場所の風景を、瞑想ないし祈りの場所としてターナーが見たかどうかは、むろん分からない。ただ、わたしが言いたいのは、『コルイスク湖』の絵に描かれた人物が、そのような連想をわたしに可能にすると思われたということなのだ。もしもわたしが、この目でコルイスクを見なかったならば、もしもマリオン大尉の塚を見なかったならば、そういう連想が思い浮かぶこともなかったはずだ。そこに思いいたって、わたしは愕然とした。

いっぽう、こういう思いも湧き上がってきた。もしも、わたしのなかにそういう連想を起こさせるような傾向があらかじめ積み上げられてこなかったならば、コルイスクを見たからといって、だれかの塚を目にしたからといって、ターナーの絵からそのような連想を抱いたであろうか。湖水地方で、『コルイスク湖』のエッチングを見たとき、自分はなぜこの湖を見なければならないとあれほど思い込んだのであろうか。自分が引かれたのは、じつはコルイスクの景観そのものではなかったのではないか。むしろその景観を前にしてたじろぐかに見える、人間の小さな姿のほうだったのではなかろうか。

わたしは、ターナーの非凡さにたじろいではならない、と自分を戒めたはずだった。だがそれ以上に、景観の平凡さにたじろいではならない、と自分に言い聞かせたはずだった。ターナーはコルイスクをどのような目で見たのか。かれの目には、この風景が非凡と映ったのであろうか、それとも平凡と映ったのであろうか。それは問うまでもないことだった。平凡な風景を描こうなどとは、画家は金輪際思わなかったにちがいない。だが、それならば非凡な風景とは。いかなる風景であれ、それを平凡さに徹した目で見るという画家の自己に対する非情さがなければ、けっして絵に描くことができないことを画家は知り抜いていた。平凡さに徹した非情な目を持たない者に、「存在しないもの」を見ることなど不可能なのだ。

ラスキンの言う意味がようやくわたしの腑に落ちるように思われた。かれは、「もしもある人々がほかの人々にはただの空白としか見えないところに、ほんとうの天使の姿を見ることができるのならば、天使の姿を描くがよい」と言った。しかし、天使という非凡な存在が、常に非凡を求めて平凡に堕す感傷主義者の目に見えるはずはない。「そこに存在するもの以外のものが見える」ような人とは、まさに平凡なものに一つ一つ心を込めて見るような人であろう。

元修道院長のマカロックは、ターナーが細部をまったく顧慮せず、それでいて「場所の霊」をとらえたと言った。それを画家が霊をとらえようとして細部を蔑ろにしたという意味にとるなら、それこそ凡庸な解釈というものだ。

細部の事実が自分の心をくぐり抜けるときに残した足跡、つまり「印象」こそが、画家が描かなければならない「事実」なのだ。わたしは「印象」という言葉をふだんあまりにも簡単に使いすぎていたようだ。なぜなら「印象」こそ、天使が心に残す足跡あるいは手跡ではないか。すぐれた風景画は、背後にそれ自身の歴史を持ち経験を持っている。経験を介して風景は旅人に語りかけるのだ。「場所の霊」が語ると言ってもいい。それをわれわれが漠然と「印象」と呼んでいるだけなのである。

そのような霊としての風景の言葉に耳を傾ける者の姿が、自ずから黙祷を捧げる者の姿を思い起こさせるとしても不思議ではない。『ロッホ・コルイスク』に描き入れられた人物のちっぽけな姿が、もし画家自身にほかならないとすれば、それは写生するターナーであるというよりも、「場所の霊」が語る言葉に耳を傾けるターナーであることに注意することのほうが、はるかに重要ではなかろうか。
クーリンの山々の名状しがたい表情を背後に感じながら、わたしは帰りの道を歩いた。谷間のはるか向こうには、小さいが白く光るものが宙に浮かんでいるのが見えていた。

（『英日文化』第四九号、一九九四年八月）

あとがき

六年前の冬の一日、郷里の岩手に帰省していたわたしは、親しい友人に宛てて一通の手紙をしたためていた。そのときの下書きが手元に残っており、読み返してみると末尾付近にこう書かれていた。

「いずれ『星の時間を旅して』という書名を冠して上梓したいと考えているわたしの紀行のなかに、『南欧巡礼の道――サンチャゴ・デ・コンポステーラのほうへ』という短文が収録されるはずです。聖地サンチャゴへといたるフランスとスペインの巡礼路とその空をわたしはもともと書きたかったのでしたが、雑誌へ発表した当時、あそこに引用したいと思いながらできなかったある小説作品があったのです。今夜、岩手の星空を見上げながら久しぶりにそれを思い出しました。

引用しなかったのは、肝心の小説の作者と作品名をどうしてもわたしが思い出せなかったからでした。しかし、サンチャゴ巡礼路の上にかかる天の川と星空を叙した次のような一節だけは、いまにいたるも鮮やかに記憶に残っております。

――きらめく星空を見上げて、感嘆の念を禁じ得なかった人々のあいだに、一つの伝説が生まれたとお考えください。あれらの星たちは、巡礼路を歩む敬虔な巡礼たちが、旅に疲れ、旅に病んで、息絶える間際に、思わず夜空をふりあおいだときの汚れない瞳が、そのまま天空にとどまったものにほかならないと伝えられておるのです。

こうして、中世の巡礼たちを歩ませた『星の時間』は、とうとうほんらいの場所へと導き上げられて、光を放つ空間のなかを永遠に流れることになりました。

いっぽう、この手紙を書いているわたしのほうは、冬の明け方の冷たい風をからだに受けているところです。午前六時十五分、空は晴れわたっており、空気も清浄ですが、星はもう姿を隠し、一つも見えなくなってしまいました」

「南欧巡礼の道」は本書第三章に初出時のまま収録されている。それを書いたのはちょうど十年前の二〇〇五年の初めであった。同じころ「光の記憶を探して」という散文詩ふうの紀行をわたしは書いている。本書の第八章に収録されているのがそれである。

本書の構成を考えていた当初は、書名を『光の記憶を探して』とすることも検討したことがあった。この散文詩形式による紀行に著者のひそかな愛着があったからである。アルプスの画家として名高いジョヴァンニ・セガンティーニと、詩人のライナー・マリア・リルケにわたしは言及し、こう書いたのだった。

流れる星、それは一瞬のなかを通りすぎる永遠である。
その存在は時間のなかに消滅して行くが、
光の記憶は残るのだ。

セガンティーニとリルケを念頭に置いて書いたものとはいえ、いま本書の校正をしながら全十二章をあらためて読み返してみると、それぞれの紀行に共通する主題が、右の三行によって過不足なく言い表わされているのではないかという気もするのである。

昨年上梓した『紀行　失われたものの伝説』に引き続き、本書もまた「フィギュール彩」の一冊に加えていただくことになった。ひとえに編集部の河野和憲さんの熱意とご尽力によるものである。著者として深く感謝の意を表したい。

二〇一五年七月

著者識

【著者】

立野正裕

…たての・まさひろ…


1947年福岡県生まれ。明治大学文学部教授。

岩手県立遠野高校卒業後、明治大学文学部に入学。明治大学大学院文学研究科修士課程修了。その後、同大学文学部教員として英米文学と西洋文化史を研究。

反戦の思想に立ち、今日の芸術と文学を非暴力探究の可能性という観点から研究している。

また「道の精神史」を構想し、ヨーロッパへの旅を重ね続ける。

主な著書に『精神のたたかい―非暴力主義の思想と文学』『黄金の枝を求めて―ヨーロッパ思索の旅』『世界文学の扉をひらく』『日本文学の扉をひらく』（いずれもスペース伽耶）『紀行　失われたものの伝説』（彩流社）等がある。

紀行《きこう》　星《ほし》の時間《じかん》を旅《たび》して

二〇一五年八月十五日　初版第一刷

著者――立野正裕
発行者――竹内淳夫
発行所――株式会社 彩流社
〒102-0071
東京都千代田区富士見2-2-2
電話：03-3234-5931
ファックス：03-3234-5932
E-mail：sairyusha@sairyusha.co.jp
印刷――明和印刷（株）
製本――（株）村上製本所
装丁――仁川範子

ISBN978-4-7791-7036-2 C0326

http://www.sairyusha.co.jp